法人税の最新実務Q&Aシリーズ

中小企業者

税理士法人 熊谷事務所 編

中央経済社

はしがき

　中小企業は日本の企業の９割を超えるとされているが，一般的に人的にも財務的にも大企業より劣る中小企業には，様々な支援が必要である。
　税務においても，法人税法では法人税率の軽減，欠損金の繰越控除制度の特例，貸倒引当金の適用，租税特別措置法では中小企業者等の少額減価償却資産の取得価額の損金算入，中小企業経営強化税制，中小企業投資促進税制，商業・サービス業・農林水産業活性化税制などがある。

　これら中小企業税制の対象となる中小企業は，法人税法においては中小法人等として，租税特別措置法においては中小企業者として定義されている。
　なお，法人税法上の中小法人等が，交際費課税の特例や法人税率の軽減の特例のように租税特別措置法の中で対象となっているものがあるので注意していただきたい。

　租税特別措置法上の中小企業者は，専ら税負担の軽減対象者となっているが，これは法人税法上の中小法人等とその範囲が異なるので，その適用に当たっては注意が必要である。
　法人税法上の中小法人等は，資本金の額が１億円以下であっても，資本金の額が５億円以上である大法人と完全支配関係のある場合は中小法人等とはならない。
　他方，租税特別措置法上の中小企業者は，資本金の額が１億円以下であっても，資本金の額が１億円を超える同一の大規模法人に２分の１以上，又は２以上の大規模法人に３分の２以上保有されている場合は中小企業者とはならない。
　したがって，親会社の資本金の規模や支配関係でその範囲が異なる点に留意

されたい。

　ところで，本書の前身は，法人税の実務Q&Aシリーズの『同族会社』である。しかし，同族会社という表現はやや一般の読者になじみが薄いことと，同族会社としたことから，本の内容が限定されてしまった。今回はその切り口を中小企業者とし，もう少し幅広く項目を扱うことにしてリニューアルしたものである。

　今回新たに，第1章で中小企業者について説明し，第2章の中に中小企業税制の解説を設けた。

　一方，紙面の都合から，前著第7章同族会社の株主としての課税関係と第10章事業承継税制の概要については，割愛させていただいた。

　中小企業者の経理担当者や税理士等の専門家が実務を行うに当たって本書を参考にしてもらえれば，執筆者一同感謝に堪えない。

　終わりに，この本の出版に当たって中央経済社の大橋昌史氏には辛抱強くご指導いただきこの場を借りて御礼申し上げたい。

　平成30年4月

　　　　　　　　　　　　　　　　　　　　税理士法人　熊谷事務所
　　　　　　　　　　　　　　　　　　　　代表社員　税理士　吉岡　幸治

CONTENTS

第1章 中小企業者とは

Ⅰ 中小企業者の定義
- **Q1** 中小企業基本法及び関連法における中小企業者……………3
- **Q2** 法人税法上の中小法人等……………7
- **Q3** 租税特別措置法上の「中小企業者」……………11

Ⅱ 同族会社とは
- **Q4** 同族会社の定義……………16
- **Q5** 同族関係者となる個人の範囲と具体例……………20
- **Q6** 同族関係者となる法人の範囲と具体例……………26
- **Q7** 議決権割合による判定……………34

第2章 項目別に見た実務上の注意点

Ⅰ 役員

(1) 役員の範囲
- **Q8** 役員の定義……………41
- **Q9** 使用人であっても役員とみなされる場合……………44
- **Q10** 株主グループの所有割合によりみなし役員に該当する場合……………48

(2) 役員給与の支給方法
- **Q11** 役員給与の支給方法……………52
- **Q12** 事前確定届出給与……………57

(3) 親族に支給する賞与の取扱い

	Q13	役員の範囲 …………………………………………………………	61
	Q14	使用人兼務役員 ……………………………………………………	65

（4） 役員給与に係る特別な取扱い

	Q15	過大役員給与 ………………………………………………………	70
	Q16	経済的利益 …………………………………………………………	75
	Q17	課税されない経済的利益 …………………………………………	80

Ⅱ　保険料

	Q18	養老保険・定期保険 ………………………………………………	85
	Q19	定期付養老保険 ……………………………………………………	90
	Q20	長期平準定期保険，逓増定期保険 ………………………………	94

Ⅲ　福利厚生費

	Q21	社葬費用の取扱い …………………………………………………	98
	Q22	レクリエーション費用の取扱い …………………………………	101

Ⅳ　交際費

	Q23	交際費課税の特例 …………………………………………………	105
	Q24	渡切交際費 …………………………………………………………	109
	Q25	ゴルフ会員権の購入 ………………………………………………	113

Ⅴ　寄附金

	Q26	社長の出身校に対する寄附金 ……………………………………	117
	Q27	債務免除 ……………………………………………………………	120
	Q28	子会社の整理 ………………………………………………………	125
	Q29	子会社に対する無利息貸付け ……………………………………	130

Ⅵ　受取家賃

	Q30	役員社宅の家賃の設定 ……………………………………………	135
	Q31	役員社宅に業務上使用する部分がある場合 ……………………	139

Ⅶ　罰科金等

	Q32	役員に課された交通反則金 ………………………………………	143
	Q33	役員がおこした事故にかかる損害賠償金 ………………………	147

Ⅷ 海外渡航費
- Q34 海外渡航費の取扱い……………………………………… 151
- Q35 同伴者がいる場合の海外渡航費 ………………………… 155
- Q36 業務遂行以外の海外渡航費が含まれる場合 …………… 159

Ⅸ 貸倒引当金
- Q37 個別評価金銭債権 ………………………………………… 165
- Q38 一括評価金銭債権 ………………………………………… 169

Ⅹ 減価償却，税額控除
- Q39 少額減価償却資産の特例 ………………………………… 173
- Q40 中小企業投資促進税制 …………………………………… 178
- Q41 商業・サービス業・農林水産業活性化税制 …………… 183
- Q42 中小企業経営強化税制 …………………………………… 189
- Q43 固定資産税特例 …………………………………………… 196

Ⅺ 税額計算等
- Q44 法人税率の軽減 …………………………………………… 199
- Q45 欠損金の繰越控除，繰戻還付 …………………………… 203
- Q46 所得拡大促進税制 ………………………………………… 208

Ⅻ 同族会社の特例
- Q47 特定同族会社とは ………………………………………… 214
- Q48 留保金課税の計算方法 …………………………………… 218

ⅩⅢ 消費税
- Q49 消費税の特例 ……………………………………………… 224

第3章 会社と役員間の取引上の注意点

Ⅰ 会社と役員との間の不動産取引
- Q50 土地の譲渡に関する注意点（会社から役員への土地の低額譲渡）
  ……………………………………………………………… 233

Q51　土地の譲渡に関する注意点(役員から会社への土地の低額譲渡)… 238
　　Q52　建物の賃貸借に関する注意点……………………………………… 242
Ⅱ　会社の役員との間の土地賃貸借取引
　　Q53　権利金の授受がない場合…………………………………………… 247
　　Q54　相当の地代…………………………………………………………… 251
　　Q55　無償返還の届出がある場合（法人地主）………………………… 255
　　Q56　無償返還の届出がある場合（個人地主）………………………… 259

第4章　同族会社等の行為又は計算の否認

　　Q57　規定の内容…………………………………………………………… 265
　　Q58　同族会社にだけ適用がある理由…………………………………… 269
　　Q59　不当に減少させる場合……………………………………………… 272

第5章　グループ法人課税の概要

　　Q60　グループ法人課税の対象となる法人……………………………… 279
　　Q61　グループ法人間の資産の譲渡取引………………………………… 286
　　Q62　グループ法人間の寄附金・受贈益………………………………… 297

第6章　同族会社の株式の評価

　　Q63　株式評価が必要になる場面………………………………………… 305
　　Q64　原則的評価方式と特例的評価方式の区分………………………… 309
　　Q65　会社の規模による評価方式の判定………………………………… 313
　　Q66　純資産価額方式における留意点…………………………………… 317
　　Q67　類似業種比準方式における留意点………………………………… 324
　　Q68　所得税・法人税における評価額…………………………………… 330

凡　　例

本書中の法令・通達等は以下の略称を使用しています。

- 法　　法：法人税法（昭和40年法律第34号）
- 法　　令：法人税法施行令（昭和40年政令第97号）
- 法　　規：法人税法施行規則（昭和40年大蔵省令第12号）
- 所　　法：所得税法（昭和40年法律第33号）
- 所　　令：所得税法施行令（昭和40年政令第96号）
- 所　　規：所得税法施行規則（昭和40年大蔵省令第11号）
- 相　　法：相続税法（昭和25年法律第73号）
- 消　　法：消費税法（昭和63年法律第108号）
- 消　　令：消費税法施行令（昭和63年政令第360号）
- 措　　法：租税特別措置法（昭和32年法律第26号）
- 措　　令：租税特別措置法施行令（昭和32年政令第43号）
- 措　　規：租税特別措置法施行規則（昭和32年大蔵省令第15号）
- 法基通：法人税基本通達（昭和44年5月1日付直審（法）25）
- 所基通：所得税基本通達（昭和45年7月1日付直審（所）30）
- 相基通：相続税法基本通達（昭和34年1月28日直資10）
- 評基通：財産評価基本通達（昭和39年4月25日直資56）
- 措　　通：租税特別措置法関係通達
- 平成22年改正法附則：所得税法等の一部を改正する法律（平成22年3月31日法律第6号）附則
- 平成22年改正法令：法人税法施行令の一部を改正する政令（平成22年3月31日政令第51号）附則

第1章

中小企業者とは

I　中小企業者の定義

Q1　中小企業基本法及び関連法における中小企業者

　当社は資本金6,000万円，従業員数120人の旅館業を営む法人です。

　社長が高齢となったため，5年後を目途に社長の長男との社長交代を目指して現在準備を進めています。

　相続税・贈与税の納税猶予の特例や遺留分に関する民法の特例など，中小企業者の円滑な経営の承継を支援する制度があると聞きましたが，当社もその制度を受けることができるでしょうか。

A ....

> **SUMMARY**　相続税・贈与税の納税猶予の特例や遺留分に関する民法の特例などは中小企業における経営の承継の円滑化に関する法律（以下「中小企業経営承継円滑化法」といいます）にその根拠を置く制度ですが，事例の場合は旅館業で，資本金6,000万円，従業員数120人ですから，同法に定める中小企業者に該当し，同法に定める制度の対象となります。

> **Reference**　中小企業基本法2，中小企業経営承継円滑化法2，中小企業経営承継円滑化法施行令

> **DETAIL**

1　問 題 点

　どのような企業を中小企業と呼ぶかという点に関しては中小企業基本法2条の定義が広く知られています。同法では，旅館業が属するサービス業について，資本金の額が5,000万円以下又は従業員数が100人以下という基準が示されています。

　事例では資本金の額及び従業員数ともに中小企業基本法に定める基準を超え

てしまいますが，中小企業経営承継円滑化法も同じ基準で判断するのか否かが問題となります。

2　条文・通達

●中小企業経営承継円滑化法施行令

> 中小企業における経営の承継の円滑化に関する法律第2条第5号に規定する政令で定める業種並びにその業種ごとの資本金の額又は出資の総額及び従業員の数は，次の表のとおりとする。

	業　種	資本金の額又は出資の総額	従業員の数
一	ゴム製品製造業（自動車又は航空機用タイヤ及びチューブ製造業並びに工業用ベルト製造業を除く。）	3億円	900人
二	ソフトウェア業又は情報処理サービス業	3億円	300人
三	旅館業	5,000万円	200人

3　解　説

（1）　中小企業基本法に定める中小企業者

　中小企業は大企業に比べ経営基盤が安定していないため，様々な支援策が用意されています。中小企業者に関する施策について，その基本理念，基本方針を定めたものが中小企業基本法です。

　同法では中小企業者を次の表のように定めており，資本金又は常時使用する従業員数のうちどちらかが該当すれば，中小企業者に該当することとしています。

■中小企業基本法の中小企業者

業　種	資本金の額又は出資の総額	常時使用する従業員の数
製造業その他	3億円以下	300人以下
卸売業	1億円以下	100人以下
サービス業	5,000万円以下	100人以下
小売業	5,000万円以下	50人以下

（2）　中小企業経営承継円滑化法に定める中小企業者

　中小企業経営承継円滑化法は，中小企業について，代表者の死亡等に起因する経営の承継の円滑化を図り，もって中小企業の事業活動の継続に資することを目的として制定された法律です。

　同法に定める具体的な施策は次の3つです。
① 　遺留分に関する民法の特例…贈与株式等の遺留分算定基礎財産からの除外及び贈与株式等の評価額の固定化
② 　金融支援制度…中小企業信用保険法の特例及び日本政策金融公庫法の特例
③ 　相続税・贈与税の納税猶予の特例…非上場株式等の相続税納税猶予制度及び非上場株式等の贈与税の納税猶予制度

　このうち，遺留分に関する民法の特例と金融支援制度に関しては同法に具体的な規定がありますが，相続税・贈与税の納税猶予の特例については租税特別措置法に規定されています。

　これらの施策の対象とされるのが，同法に定める中小企業者です。

　中小企業経営承継円滑化法では中小企業者を次のように定めています。

■中小企業経営承継円滑化法の中小企業者

業　種	資本金の額又は出資の総額	常時使用する従業員の数
製造業その他		
ゴム製品製造業（自動車又は航空機用タイヤ及びチューブ製造業並びに工業用ベルト製造業を除く。）	3億円以下	900人以下

	その他	3億円以下	300人以下
卸売業		1億円以下	100人以下
サービス業			
	ソフトウェア業又は情報処理サービス業	3億円以下	300人以下
	旅館業	5,000万円以下	200人以下
	その他	5,000万円以下	100人以下
小売業		5,000万円以下	50人以下

　中小企業経営承継円滑化法に定める中小企業者の基準は中小企業基本法とおおむね同じですが，中小企業経営承継円滑化法ではゴム製品製造業，旅館業，ソフトウェア業又は情報処理サービス業が別に分類されているところが違いとして挙げられます。

　事例の場合，旅館業で資本金6,000万円，従業員数120人ですから，従業員数の基準により，中小企業経営承継円滑化法施策の対象となる中小企業者に該当することとなります。

Q2 法人税法上の中小法人等

当社は資本金3,000万円の法人です。資本金の額が1億円以下の会社については法人税の軽減税率など中小企業向けの特例措置があると聞きましたが，当社は適用を受けることができるでしょうか。

なお，当社の株式はS社（資本金1億円）が80％，P社（資本金5億円）が20％をそれぞれ保有しており，S社はP社の100％子会社になります。

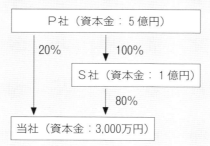

A

SUMMARY　適用を受けることはできません。法人税の軽減税率などの適用を受けることができる中小法人等は資本金の額が1億円以下の法人等となりますが，その法人が資本金5億円以上の大法人による完全支配関係がある場合には除かれます。

御社の株式のうち，P社が直接保有している株式は20％ですが，完全支配関係があるS社を通じて80％の株式についても間接保有しています。

法人税法では発行済株式等の全部を直接又は間接に保有し又は保有される関係を完全支配関係といい，御社はP社との間に大法人による完全支配関係があることとなります。

Reference　法法57・66，法基通16-5-1

DETAIL

1 問題点

　法人税の計算において中小企業向け特例措置の適用の可否を誤ると税額が大きく変わってしまうため、その判断には慎重さが求められます。

　判定会社が他の法人の子会社である場合には、親会社の資本金の額のみならず、親会社の株主構成なども確認することが大切です。

　特に多数の子会社や孫会社を抱える大企業グループでは出資関係が複雑になりますので、グループ法人課税の適用の有無とともに十分な検討が必要となるでしょう。

　中小法人等が受けられる中小企業向け特例措置については、以下のものが挙げられます。

(1) 貸倒引当金の繰入限度額までの損金算入
(2) 欠損金等の控除限度額の制限の不適用
(3) 法人税の軽減税率
(4) 特定同族会社の特別税率（留保金課税）の不適用
(5) 貸倒引当金の繰入限度額の計算における法定繰入率の選択可能
(6) 交際費等の損金不算入額の計算における定額控除の選択可能
(7) 欠損金の繰戻しによる法人税の還付の適用

2 条文・通達

　中小法人等とは次に掲げるものをいうとされています（法法57⑪一）。

■中小法人等の定義

(1) 普通法人のうち、資本金の額若しくは出資金の額が1億円以下であるもの[注]又は資本若しくは出資を有しないもの
(2) 公益法人等又は協同組合等
(3) 人格のない社団等

第1章　中小企業者とは　9

> (注)　資本金の額等が1億円以下の法人であっても次のものは除きます（法法66⑥二, 三）。
> (1)　大法人（次に掲げる法人をいう。）との間に当該大法人による完全支配関係がある普通法人
>   ①　資本金の額又は出資金の額が5億円以上である法人
>   ②　相互会社又は外国相互会社
>   ③　法人課税信託の受託法人
> (2)　普通法人との間に完全支配関係がある全ての大法人が有する株式及び出資の全部を当該全ての大法人のうちいずれか一の法人が有するものとみなした場合において当該いずれか一の法人と当該普通法人との間に当該いずれか一の法人による完全支配関係があることとなるときの当該普通法人

(注)(2)の法人とは次の図のE社のような場合が該当することとなります。

ここではA社を頂点としたグループ内でB社からF社がそれぞれA社による完全支配関係があります。次にD社とF社についてはB社とC社という大法人による完全支配関係がありますが，E社については大法人による完全支配関係はありません。

この場合において，A社グループ内の大法人であるB社とC社が保有しているE社株式をB社がすべて保有しているとみなすと，E社は大法人B社による完全支配関係があることとなります。
(参考　財務省HP：「平成23年度税制改正の解説」285頁より)

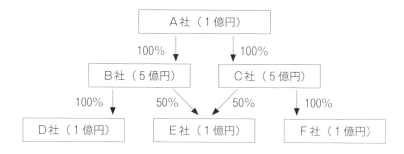

●法人税基本通達16-5-1　大法人による完全支配関係

> …「大法人」による完全支配関係とは，大法人が普通法人の発行済株式等の全部を直接又は間接に保有する関係をいうのであるから，例えば，普通法人の発行済株式等の全部を直接に保有する法人（以下16-5-1において「親法人」という。）が大法人以外の法人であり，かつ，当該普通法人の発行済株式等の全部を当該親法人を通じて間接に保有する法人が大法人である場合のように，当該普通法人の発行済株式等の全部を直接又は間接に保有する者のいずれかに大法人が含まれている場合には，当該普通法人と当該大法人との間に大法人による完全支配関係があることに留意する。

関連解説

中小企業と同様に，大企業についても様々な定義があります。

1　会社法における「大会社」（会社法2①六）

次のいずれかに該当する株式会社
- 最終事業年度に係る貸借対照表に資本金として計上した額が5億円以上
- 最終事業年度に係る貸借対照表の負債の部に計上した額の合計額が200億円以上

2　法人税法における「大法人」（法法66⑥二）
- 資本金の額又は出資金の額が5億円以上である法人
- 相互会社又は外国相互会社
- 法人課税信託の受託法人

3　租税特別措置法における「大規模法人」（措令27の4⑫一）
- 資本金の額又は出資金の額が1億円を超える法人
- 資本又は出資を有しない法人のうち常時使用する従業員の数が1,000人を超える法人

ただし，中小企業投資育成株式会社を除く。

Q3 租税特別措置法上の「中小企業者」

当社は Q2 において大法人による完全支配関係があり,中小法人等に該当しないため法人税の軽減税率など中小企業向け特例措置の適用が受けられないということでしたが,少額減価償却資産の特例など租税特別措置法の中小企業者の特例についても適用を受けることができないのでしょうか。

当社の資本金や株主構成は Q2 と変わらず,当社の資本金は3,000万円であり,当社の株式のうち20%をＰ社(資本金５億円)が,Ｐ社の100%子会社であるＳ社(資本金１億円)が80%をそれぞれ保有しています。

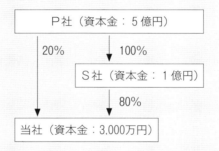

A

SUMMARY 租税特別措置法に定める中小企業者の特例の適用を受けることができます。租税特別措置法における中小企業者とは,資本金の額が１億円以下で,かつ,同一の大規模法人(資本金の額が１億円を超える法人等)に発行済み株式の２分の１以上の株式又は２以上の大規模法人に発行済み株式の３分の２以上の株式を保有されていないものをいいます。

貴社の場合は,資本金の額が１億円以下であり,株主のうちＳ社は大規模法人ではなく,Ｐ社のみが大規模法人となりますが,保有比率は２分の１未満であるため中小企業者に該当します。

Q2 の法人税法上の中小法人等では,完全支配関係の判定で,株式の保有について直接保有のみならず間接保有も含めていましたが,租税特別措置法の中小企業者等の判定では直接保有のみであり,間接保有は含みません。

> Reference　措法42の4⑧六，措令27の4⑫

DETAIL

1　問題点

　法人税の計算上，租税特別措置法にも多くの中小企業向けの特例が定められているため，その適用の可否判断は重要なものとなります。特に株主が法人である場合には，その法人の資本金の額まで確認しなければ適用の可否判断はできません。

　租税特別措置法の中小企業者の優遇措置が設けられている規定で代表的なものは以下のとおりです。
(1)　少額減価償却資産の損金算入の特例
(2)　中小企業投資促進税制
(3)　商業・サービス業・農林水産業活性化税制
(4)　中小企業経営強化税制
(5)　環境関連投資促進税制
(6)　所得拡大促進税制

2　条文・通達

　中小企業者の定義は，「試験研究を行った場合の法人税額の特別控除（措法42の4⑧六，措令27の4⑫）」において規定されています。

> 　…中小企業者は，資本金の額若しくは出資金の額が1億円以下の法人のうち次に掲げる法人以外の法人又は資本若しくは出資を有しない法人のうち常時使用する従業員の数が1,000人以下の法人とする。
> 一　その発行済株式又は出資の総数又は総額の2分の1以上が同一の大規模法人（資本金の額若しくは出資金の額が1億円を超える法人又は資本若しくは

> 出資を有しない法人のうち常時使用する従業員の数が1,000人を超える法人をいい，中小企業投資育成株式会社を除く。次号において同じ。）の所有に属している法人
> 二　前号に掲げるもののほか，その発行済株式又は出資の総数又は総額の3分の2以上が大規模法人の所有に属している法人

関連解説

1　中小企業者であるかどうかの判定の時期

法人が中小企業者に該当する法人であるかどうかの判定時期は，各種特例によって異なります。適用する規定の判定時期も確認するようにしてください。

判定の時期	主な特例	措置法通達
事業年度終了の日	・試験研究費の特別控除の特例	措通42の4(3)-1
	・所得拡大促進税制	措通42の12の5-1
対象資産の取得等の日及び事業供用日	・少額減価償却資産の損金算入の特例（注）	措通67の5-1
	・中小企業投資促進税制	措通42の6-1
	・商業・サービス業・農林水産業活性化税制	措通42の12の3-1
	・中小企業経営強化税制	措通42の12の4-1
	・環境関連投資促進税制	措通42の5-3

（注）　事務負担に配慮する必要があるものとして，常時使用する従業員が1,000人を超えるかどうかの判定は，取得等の日及び事業供用日，又は事業年度終了の日の現況によります。

2　適用除外事業者

平成31年4月1日以後に開始する事業年度から，その事業年度開始の日前3年以内に終了した各事業年度の所得の金額の年平均額が15億円を超える法人については，適用除外事業者となります。

適用除外事業者に該当する場合には，一部の租税特別措置法の中小企業者向けの特例措置の適用を受けることができません。

これは地域経済の柱となり雇用の大半を担っている財務状況が脆弱な中小企

業者を支援するという特例措置の趣旨から見て，多額の所得を得ていて財務状況が脆弱とはいえない中小企業にまで適用するのは適当でないとされたことによります。

　改正後　措法42の4⑧六の二

3　中小法人等と中小企業者の判定の設例

〈設例1〉

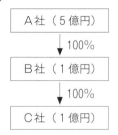

カッコ内は資本金の額
○…該当する
×…該当しない

	A社	B社	C社
中小法人等	×	×	×
中小企業者	×	×	○

〈設例2〉

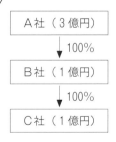

カッコ内は資本金の額
○…該当する
×…該当しない

	A社	B社	C社
中小法人等	×	○	○
中小企業者	×	×	○

〈設例3〉

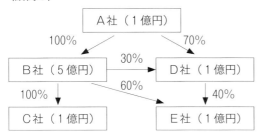

	A社	B社	C社	D社	E社
中小法人等	○	×	×	○	○
中小企業者	○	×	×	○	×

〈設例4〉

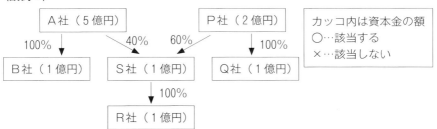

	A社	B社	P社	Q社	S社	R社
中小法人等	×	×	×	○	○	○
中小企業者	×	×	×	×	×	○

Ⅱ 同族会社とは

Q4 同族会社の定義

法人税法における「同族会社」とは,どのような会社のことをいうのでしょうか。

A
SUMMARY 　同族会社とは,その会社の発行済株式の総数又は出資金額の総額(その会社が有する自己株式又は出資を除きます)の50%超を,3人以下の株主等並びにこれらと特殊の関係のある個人及び法人が所有している会社をいいます。

Reference 　法法2十,法令4⑤

DETAIL

1　問　題　点

　同族会社とは,親族等で株式等を所有し,これらの者で重要な経営方針等が決定されるような会社を指します。そのような状態では親族等にとって都合の良い経営が行われ,恣意性が介入しやすくなる可能性が高いと考えられることから,一定の制限を加えるために,法人税法上,留保金課税,行為計算の否認,みなし役員など,同族会社については特別な規定が設けられています。

　したがって,同族会社の判定方法を誤ると,法人税法上の規定の適用を失念する可能性があるため,まずは「どのような会社が同族会社に該当し,どのようにして判定を行うのか」を押さえておく必要があります。

2　条文・通達

　同族会社の定義は以下のように規定され,株式数の所有割合により同族会社

に該当する会社が定められています。

●法人税法2条10号　定義（同族会社）

> 会社…の株主等（その会社が自己の株式…又は出資を有する場合のその会社を除く。）の3人以下並びにこれらと政令で定める特殊の関係のある個人及び法人がその会社の発行済株式又は出資（その会社が有する自己の株式又は出資を除く。）の総数又は総額の100分の50を超える数又は金額の株式又は出資を有する場合その他政令で定める場合におけるその会社をいう。

（注）「その他政令で定める場合」とは議決権割合又は社員数割合による判定により同族会社に該当する場合です。法人税法施行令4条5項を参照してください。

3　概　　要

　その会社の株主等と特殊の関係のある個人又は法人を同族関係者といいますが，判定時にはその同族関係者を含めて一の株主グループと考え，グループ単位で判定を行います。そして，その会社の株主等のうち上位3グループの所有割合が50％超であれば，その会社は同族会社に該当することになります。

　同族会社に該当するかどうかの判定は，株式数の所有割合で判定するほか，議決権割合による判定，社員数割合による判定の全部で3パターンがあり，次に掲げる算式に該当する会社が同族会社となります。

（1）　株式又は出資の所有割合により判定する場合（一般的な会社）

$$\frac{3\text{グループ以下の株主等が有する株式数又は出資金額}}{\text{その会社の発行済株式の総数又は出資金額の総額}} > 50\%$$

（注1）　株主等には，その同族関係者を含みます。
（注2）　発行済株式数の総数又は出資金額の総額は，その会社が有する自己株式又は出資を除きます。

(2) 議決権割合により判定する場合(議決権制限株式を発行している会社等)

$$\frac{3\text{グループ以下の株主等が有する一定の議決権}}{\text{その議決権総数（行使することができない議決権の数を除く）}} > 50\%$$

■一定の議決権

① 事業の全部若しくは重要な部分の譲渡，解散，継続，合併，分割，株式交換，株式移転又は現物出資に関する決議に係る議決権
② 役員の選任及び解任に関する決議に係る議決権
③ 役員の報酬，賞与その他の職務執行の対価として会社が供与する財産上の利益に関する事項についての決議に係る議決権
④ 剰余金の配当又は利益の配当に関する議決権

(3) 社員数により判定する場合（合名会社，合資会社，合同会社）

$$\frac{3\text{グループ以下の会社の社員数}}{\text{合名会社，合資会社，合同会社の社員総数}} > 50\%$$

（注） 社員総数については，その会社が業務を執行する社員を定めた場合にあっては，業務を執行する社員に限ります。

4 解　釈

　法人税法では，少数の株主等に支配されている同族会社については，オーナー社長等の一部の意思のみによって恣意的な経営が行われる可能性があると考えられるため，上場会社等の非同族会社とは区別し，一定の制限を加えるべき同族会社を定義しています。

関連解説

「株主等」の意義

　株主等とは，株主又は合名会社，合資会社若しくは合同会社の社員その他法人の出資者をいいます（法法2十四）。

　この場合の「その他法人の出資者」には，持分の定めのある社団医療法人の出資者や協同組合の組合員等が該当するものと思われます。

Q5 同族関係者となる個人の範囲と具体例

　法人税法上の同族会社の判定を行う際には，その株主だけでなくその株主と特殊の関係のある者（以下「同族関係者」といいます）も含めて行うとされていますが，そのうち同族関係者となる個人にはどのような者が含まれるのでしょうか。

　また，下記の表は当社甲株式会社の株主構成ですが，同族会社に該当するのでしょうか。

〈甲株式会社の株主と所有株式数〉

株　主　名	株式数
A	13株
B（Aの妻）	10株
C（Aの長男）	6株
D（Cの妻）	4株
E（Cの長女）	2株
F（Dの父）	5株
G（Dの母）	3株
H（Aの友人）	6株
I（甲株式会社の従業員）	5株
その他の少数株主	46株
計	100株

A

SUMMARY　同族関係者に該当する個人とは，その株主等の親族，配偶者，内縁関係にある配偶者，支配従属関係又は経済的に援助を受けている者などをいいます。

Reference　法令4①，法基通1-3-3・1-3-4

1 問題点

　同族会社の判定を行うにあたっては，同族関係者である個人も含めて株主等をグルーピングし，そのグループ単位で判定することになります。この場合，同族関係者である個人の範囲を誤ると，同族会社に該当するかどうかを正しく判定することができなくなるため，まずは同族関係者となる個人の範囲を明確にしておく必要があります。

2 条文・通達

●法人税法施行令4条1項　同族関係者の範囲

> 　特殊の関係のある個人は，次に掲げる者とする。
> 一　株主等の親族
> 二　株主等と婚姻の届出をしていないが事実上婚姻関係と同様の事情にある者
> 三　株主等（個人である株主等に限る。次号において同じ。）の使用人
> 四　前三号に掲げる者以外の者で株主等から受ける金銭その他の資産によって生計を維持しているもの
> 五　前三号に掲げる者と生計を一にするこれらの者の親族

3 概要

　同族関係者である個人とは，次のいずれかに該当する者をいいます。

(1) 株主等の親族

　ここでいう親族とは民法725条以下に規定されている親族を指し，次のいずれかに該当する者をいいます。
　① 6親等内の血族（養子縁組による法定血族を含む）

② 配偶者
③ 3親等内の姻族

(2) 株主等と婚姻の届出をしていないが事実上婚姻関係と同様の事情にある者

　夫婦として実質的に生活を営んでいるが，婚姻の届出をしていないため法律上の夫婦と認められない者をいいます。一般的には内縁関係にある者又は事実婚の状態にある者を指します。

(3) 個人である株主等の使用人

　ここでいう使用人とは，会社や個人で営む事業において雇用されている従業員ではなく，個人の家事使用人等のことを指します。

(4) 上記（1）～（3）に掲げる者以外の者で，個人である株主等から受ける金銭その他の資産によって生計を維持しているもの

　株主等から受ける金銭その他の資産によって生計を維持しているものとは，「株主等から給付を受ける金銭その他の財産又は給付を受けた金銭その他の財産の運用によって生ずる収入を日常生活の資の主要部分としている者」をいいます（法基通1-3-3）。

(5) 上記（2）～（4）に掲げる者と生計を一にするこれらの者の親族

　内縁関係にある者等・家事使用人等の親族で，これらの者と生計を一にする者をいいます。ここでいう生計を一にするとは，法人税基本通達1-3-4において「有無相助けて日常生活の資を共通にしていることをいうのであるから，必ずしも同居していることを必要としない」とされています。
　したがって，仕送り等により生活費を共通にしている者については，同居の有無ではなく，生活の糧をどのように得ているかで判断することとなります（法基通1-3-4）。

4　解　説

　同族関係者である個人とは，株主等の民法上の親族及び株主等と利害関係が一致する者をいいます。
　これらの同族関係者である個人については，その株主等と同一の意思を持つものと考えられるため，同族会社の判定を行う場合にはその株主等と同一グループとして判定することとなります。

5　今回のケースでの判定

(1)　判定手順

　同族会社の判定は，まず株主名簿より株主等を3人抽出し，それぞれの同族関係者をグルーピングしますが，このグルーピングの方法によっては，判定結果が複数存在する場合があるので注意が必要です。

●法人税基本通達1-3-5　同族会社の判定の基礎となる株主等

> 　同族会社であるかどうかを判定する場合には，必ずしもその株式若しくは出資の所有割合又は議決権の所有割合の大きいものから順にその判定の基礎となる株主等を選定する必要はないのであるから，例えばその順に株主等を選定した場合には同族会社とならない場合であっても，その選定の仕方を変えて判定すれば同族会社となるときは，その会社は法第2条第10号《同族会社の意義》に規定する同族会社に該当することに留意する。

(2)　甲株式会社の判定

　まず，株主の親族関係を確認し，次に所有株式数の多い株主グループを抽出します。

■ 株主の親族関係図

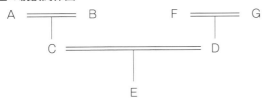

■ 株主グループごとの所有株式数

(単位：株)

		判定範囲								合計
		A	B	C	D	E	F	G	H	I	
中心となる判定者	A	13	10	6	4	2	−	−	−	−	35
	B	13	10	6	4	2	−	−	−	−	35
	C	13	10	6	4	2	5	3	−	−	43
	D	13	10	6	4	2	5	3	−	−	43
	E	13	10	6	4	2	5	3	−	−	43
	F	−	−	6	4	2	5	3	−	−	20
	G	−	−	6	4	2	5	3	−	−	20
	H	−	−	−	−	−	−	−	6	−	6
	I	−	−	−	−	−	−	−	−	5	5

① 株主グループでの所有株式数が多い株主から順に抽出してみます。

(ア) 株主「C」グループ（D，Eでも同様）

「A」＋「B」＋「C」＋「D」＋「E」＋「F」＋「G」＝43株

(イ) 株主「H」グループ

同族関係者はいないので「H」のみで判定＝6株

(ウ) 株主「I」グループ

同族関係者はいないので「I」のみで判定＝5株

(エ) 上位3グループの所有割合と同族会社の判定

43株＋6株＋5株＝54株　　54株／100株＝54％

54％　＞　50％　…　甲株式会社は同族会社に該当します。

② 所有株式数の多い株主から順に抽出してみます。
　（ア）株主「A」グループ
　　　「A」+「B」+「C」+「D」+「E」= 35株
　（イ）株主「F」グループ（Gでも同様）
　　　「F」+「G」= 5株 + 3株 = 8株
　（ウ）株主「H」グループ
　　　同族関係者はいないので「H」のみで判定 = 6株
　（エ）上位3グループの所有割合と同族会社の判定
　　　35株 + 8株 + 6株 = 49株　　49株／100株 = 49％
　　　49％ ＜ 50％ … 甲株式会社は同族会社に該当しません。

6　解　釈

　上記の判定結果をみてもわかるとおり、基準となる株主を誰に決めるかによって親族の範囲が異なり、さらには判定内容も異なることになります。

　上位3グループを特定するには、同族関係者を含めたグループごとの所有株式数が基準となるため、必ずしも個々の所有株数等が大きい株主から順に3人の判定株主を抽出することにはなりません。判定株主の所有株数等が大きくても親族関係が狭いため3グループでの所有株式数等が50％未満となり同族会社に該当しない場合もあれば、判定株主の所有株数等が少なくても親族関係の広がりが大きいため3グループでの所有株式数等が50％超となり同族会社に該当する場合もあり得ます。

　まずは、株主名簿に記載されている株主が同族関係にあるかどうかを確認することが重要となり、同族関係にあれば同族関係者ごとにグルーピングをして判定し、そのグルーピング方法が複数存在する場合でも選定の仕方によって同族会社となるときは、その会社は同族会社に該当することになります。

Q6 同族関係者となる法人の範囲と具体例

　法人税法上の同族会社の判定を行う際には，その株主だけでなくその株主と特殊の関係のある者（以下「同族関係者」といいます）も含めて行うとされていますが，そのうち同族関係者となる法人にはどのようなものが含まれるのでしょうか。

　また，下記の表は当社Ｓ株式会社の株主構成ですが，同族会社に該当するのでしょうか。

〈Ｓ株式会社の株主と所有株式数〉

株　主　名	所　有　割　合
Ｂ社	30％（Ｂ社株式の90％をＡ氏が所有）
Ｃ社	20％（Ｃ社株式の60％をＡ氏が所有）
個人Ｄ	10％（Ｓ社の従業員）
Ｅ社	8％（得意先）
その他の少数株主	32％
計	100％

A

SUMMARY　同族会社に該当する法人とは，その同族会社に該当するかどうかを判定しようとする会社（以下「判定会社」とします）の株主等に支配されている会社をいいます。

Reference　法令4②〜④

DETAIL

1　問題点

　同族会社の判定を行うにあたっては，同族関係者である個人と同様，同族関係者である法人も含めて同一グループとして判定することになります。

この場合，判定会社株主等に支配されている会社かどうかの判定を誤ると，正しい同族関係者を選択することができず，同族会社の判定を誤ってしまうことになります。まずは，支配されている会社かどうかの判定手順を含め，同族関係者となる法人の範囲を明確にしておく必要があります。

2　条文・通達

●**法人税法施行令4条2項～4項　同族関係者の範囲**

> 2　…特殊の関係のある法人は，次に掲げる会社とする。
> 　一　同族会社であるかどうかを判定しようとする会社…の株主等（当該会社が自己の株式…又は出資を有する場合の当該会社を除く。以下…「判定会社株主等」という。）の1人（個人である判定会社株主等については，その1人及びこれと前項に規定する特殊の関係のある個人。以下，この項において同じ。）が他の会社を支配している場合における当該他の会社
> 　二　判定会社株主等の1人及びこれと前号に規定する特殊の関係のある会社が他の会社を支配している場合における当該他の会社
> 　三　判定会社株主等の1人及びこれと前二号に規定する特殊の関係のある会社が他の会社を支配している場合における当該他の会社
> 3　…他の会社を支配している場合とは，次に掲げる場合のいずれかに該当する場合をいう。
> 　一　他の会社の発行済株式又は出資（その有する自己の株式又は出資を除く。）の総数又は総額の100分の50を超える数又は金額の株式又は出資を有する場合
> 　二　他の会社の次に掲げる議決権のいずれかにつき，その総数（当該議決権を行使することができない株主等が有する当該議決権の数を除く。）の100分の50を超える数を有する場合
> 　　イ　事業の全部若しくは重要な部分の譲渡，解散，継続，合併，分割，株式交換，株式移転又は現物出資に関する決議に係る議決権
> 　　ロ　役員の選任及び解任に関する決議に係る議決権
> 　　ハ　役員の報酬，賞与その他の職務執行の対価として会社が供与する財産上の利益に関する事項についての決議に係る議決権
> 　　ニ　剰余金の配当又は利益の配当に関する決議に係る議決権

三　他の会社の株主等（合名会社，合資会社又は合同会社の社員（当該他の会社が業務を執行する役員を定めた場合にあっては，業務を執行する社員）に限る。）の総数の半数を超える数を占める場合
4　同一の個人又は法人（人格のない社団等を含む。以下同じ。）と第2項に規定する特殊の関係のある2以上の会社が，判定会社株主等である場合には，その2以上の会社は，相互に同項に規定する特殊の関係のある会社であるものとみなす。

3　概　要

同族関係者である法人とは，次のいずれかに該当する会社をいいます。

(1)　株主等の1人（同族関係者である個人を含む）が他の会社を支配している場合における当該他の会社

〈図A〉

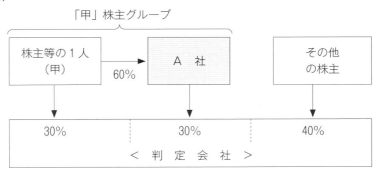

- ■同族関係者の判定（A社について）
  A社株式の所有割合：甲60％＞50％…甲がA社を支配
  →A社は甲の同族関係者に該当します。

- ■同族会社の判定（判定会社について）
  A社は甲の同族関係者であるため，同一株主グループとなります。
  「甲」株主グループの所有割合：甲30％＋A社30％＝60％＞50％
  →判定会社は同族会社に該当します。

(2) 株主等の1人及び上記（1）に該当する特殊関係にある会社が他の会社を支配している場合における当該他の会社

〈図B〉

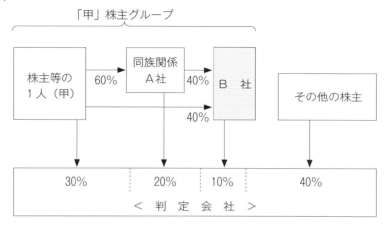

- ■ **同族関係者の判定**（B社について）
  B社株式の所有割合：甲40％＋A社40％＝80％＞50％
  …甲とA社がB社を支配

- ■ **同族会社の判定**（判定会社について）
  B社は甲の同族関係者であるため，同一株主グループとなります。
  「甲」株主グループの所有割合：
  　　　　　　　　　　甲30％＋A社20％＋B社10％＝60％＞50％
  →判定会社は同族会社に該当します。

(3) 株主等の1人及び上記(1),(2)に該当する特殊関係にある会社が他の会社を支配している場合における当該他の会社

〈図C〉

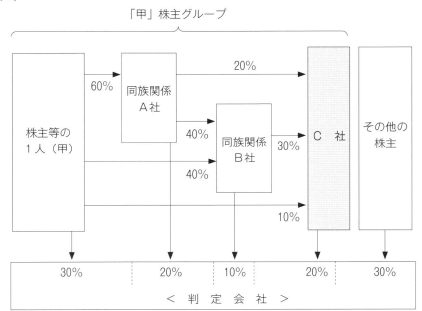

- ■同族関係者の判定（C社について）
  C社株式の所有割合：甲10％ + A社20％ + B社30％ = 60％＞50％
  …甲とA社とB社がC社を支配

- ■同族会社の判定（判定会社について）
  C社は甲の同族関係者であるため，同一株主グループとなります。
  「甲」株主グループの所有割合：
  　　　　　甲30％ + A社20％ + B社10％ + C社20％ = 80％＞50％
  →判定会社は同族会社に該当します。

（4） 同一の個人又は法人と上記（1）～（3）に該当する特殊関係にある2以上の会社が判定会社株主等である場合における当該2以上の会社

〈図D〉

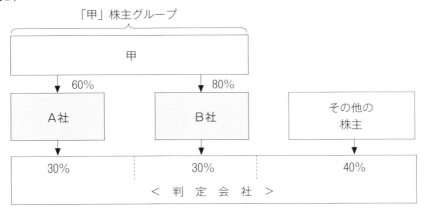

- ■ 同族関係者の判定（A社及びB社について）
  A社株式の所有割合：甲60％＞50％　…甲がA社を支配
  　　　　　　　　　　　　　　　　　→A社は甲の同族関係者に該当します。
  B社株式の所有割合：甲80％＞50％　…甲がB社を支配
  　　　　　　　　　　　　　　　　　→B社は甲の同族関係者に該当します。
  →甲の同族関係者であるA社及びB社は相互に同族関係者に該当します。

- ■ 同族会社の判定（判定会社について）
  A社及びB社は相互に同族関係者であるため、同一株主グループとなります。
  「甲」株主グループの所有割合：A社30％＋B社30％＝60％＞50％
  →判定会社は同族会社に該当します。

4　解　説

　その会社が同族関係者である法人かどうかを判定するにあたっては、その会社がその判定会社株主等に支配されているかどうかがポイントになります。支配下にある会社の経営権はすべて支配している法人が持つため、これらの法人は同一の意思を持つものと考えられ、同一グループとして同族会社の判定を行うことになります。

5 今回のケースでの判定

(1) 判定結果

　S株式会社の株主としてはB社とC社は直接的に関係ありませんが、両社ともA氏に支配されていることから、互いに同族関係者とみなされ、同一株主グループに該当します。したがって、上位3グループの株主所有割合が50%超となり、S株式会社は同族会社に該当します。

(2) S株式会社の具体的な判定

　法人税法施行令4条4項において、「同一の個人又は法人（人格のない社団等を含む。以下同じ。）と第2項に規定する特殊の関係のある2以上の会社が、判定会社株主等である場合には、その2以上の会社は、相互に同項に規定する特殊の関係のある会社であるものとみなす。」とされているため、この規定の考え方を今回のS株式会社の判定に用いることになります。

■ S株式会社の同族会社の判定

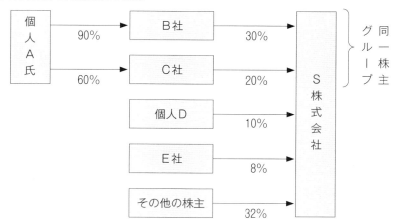

① S株式会社の株主等である「B社」「C社」の同族関係者の判定

　B社　A氏90％＞50％
　　　　…A氏はB社を支配している→A氏の同族関係者に該当
　C社　A氏60％＞50％
　　　　…A氏はC社を支配している→A氏の同族関係者に該当
　　→　B社とC社は相互に同族関係者に該当します。

② S株式会社の同族会社の判定

　上位3グループの所有割合
　　（B社30％＋C社20％）＋個人D10％＋E社8％＝68％
　　68％＞50％
　　→　S株式会社は同族会社に該当します。

Q7 議決権割合による判定

中小企業者であるX株式会社の株主構成は下記のとおりですが、同族会社に該当するのでしょうか。

株主構成	株式所有割合
A社（X社の100％子会社）	8％
B社	20％
C社	15％
D個人	5％
E個人	5％
F個人（E個人の子）	5％
その他の少数株主	42％

（注1） X株式会社は議決権制限株式を発行しており、「その他の少数株主」の株式はすべて議決権のない株式です。
（注2） 議決権のある株式に対する議決権数は、1株に対して2個です。

A

SUMMARY ご質問のX株式会社は、同族会社に該当します。

　X株式会社は議決権制限株式を発行しており、株主の中に100％子会社であるA社が含まれているため、同族会社の判定を行うにあたっては株式の所有割合ではなく議決権割合で判定することになります。

　議決権割合を算定するにあたっては、その他の少数株主については議決権のない株式であるため、これを除外して考えます。

　また、子会社であるA社については、議決権のある株式ではあるものの、子会社であることにより議決権を行使することができないため、これも除外して考えます。

　以上より、同族会社の判定に用いる議決権は次のようになるため、株主の上位3グループの議決権割合が50％超となることから、X株式会社は同族会社に該当することになります。

株主構成	株式所有割合	議決権割合
A社（X社の100％子会社）	8％	—
B社	20％	40％
C社	15％	30％
D個人	5％	10％
E個人	5％	10％
F個人（E個人の子）	5％	10％
その他の少数株主	42％	—

〈判定〉

〔株式所有割合〕
20％　　　　　　　B社　　　　　　40％　　　　　〔議決権割合〕
15％　　　　　　　C社　　　　　　30％
5％＋5％＝10％　　E個人＋F個人　　10％＋10％＝20％
45％＜50％　　　　合計　　　　　　90％＞50％
↓　　　　　　　　　　　　　　　　↓
同族会社に該当しない　　　　　　　同族会社に該当する

(Reference)　法法2十，法令4⑤，法基通1-3-1

DETAIL

1　問題点

株式所有割合による判定では同族会社に該当しない場合であっても，議決権割合による判定では同族会社に該当することがあるため，どのような場合に議決権割合で判定を行う必要があるのかが問題となってきます。

2　条文・通達

●法人税基本通達1-3-1　同族会社の判定

会社…が法第2条第10号《同族会社の意義》に規定する同族会社であるかどうかを判定する場合において，その株式…又は出資の数又は金額による判定に

> より同族会社に該当しないときであっても，例えば，議決権制限株式を発行しているとき又は令第4条第5項《同族関係者の範囲》に規定する「当該議決権を行使することができない株主等」がいるときなどは，同項の議決権による判定を行う必要があることに留意する。
> （注） 同号に規定する「株式」及び「発行済株式」には，議決権制限株式が含まれる。

3　概　　要

　株式所有割合で判定を行った場合には，上位3グループの所有割合が45％となるため同族会社に該当しないことになります。

　ただし，X株式会社は議決権制限株式を発行しており，また株主であるA社はX株式会社の100％子会社であることから議決権を行使できない株主等に該当するため，議決権割合により判定を行う必要があります。この場合，上位3グループの議決権割合は90％となり，X株式会社は同族会社に該当することになるのです。

4　解　　釈

　この取扱いは，同族会社の判定を行うにあたって，実質的にその会社の経営等に関して決定権を持っている株主のみで判定を行うことを示しています。

　平成18年の会社法施行により公開会社以外の会社は議決権制限株式についての発行数の制限が廃止されました。この廃止により，議決権制限株式を大量に発行することによって株式の所有割合では少数株主となる者が，議決権の所有割合を多数占めることにより，実質的に会社を支配することが可能となりました。そこで，新たに議決権割合による判定を加えることで，同族会社の判定を実際の権利者により行うこととしたものと考えられます。

関連解説

「議決権の行使について同意がある場合」

　個人又は法人間で同一の内容の議決権を行使することに同意している者がある場合には，議決権割合の判定の際には，その個人又は法人間の一方の者が有する議決権はもう一方の者が有するものとみなして判定することになります（法令4⑥）。

　ただし，株式数の所有割合で判定する場合には，このようなみなし規定の適用はありません（法基通1-3-8）。

第2章

項目別に見た実務上の注意点

I 役　　員

（1）　役員の範囲

Q8　役員の定義

> 私は小売業を行う中小企業の経営者です。当社ではこのたび事業承継を行い，私が代表取締役に就任し，前代表取締役が代表権のない相談役に就任しました。この場合，相談役は役員に該当しないと考えてよろしいでしょうか。

A

SUMMARY　会社法上，相談役は役員に該当しません。一方，法人税法上は相談役であっても役員に該当する可能性があります。

Reference　法法2十五，法令7

DETAIL

1　問題点

会社法と法人税法では役員の範囲が異なっています。税務上，役員に対して適用される規定があるため，会社法上の役員だけを役員として考えていると，税務上の問題が生じる可能性があります。

2　条文・通達

●会社法329条1項　選任

> 役員（取締役，会計参与及び監査役をいう。…）及び会計監査人は，株主総会の決議によって選任する。

●法人税法2条15号　役員

　法人の取締役，執行役，会計参与，監査役，理事，監事及清算人並びにこれら以外の者で法人の経営に従事している者のうち政令で定めるものをいう。

●法人税法施行令7条　役員の範囲

　法第2条第15号（役員の意義）に規定する政令で定める者は，次に掲げる者とする。
一　法人の使用人（職制上使用人としての地位のみを有する者に限る。次号において同じ。）以外の者でその法人の経営に従事しているもの
二　同族会社の使用人のうち，第71条第1項第5号イからハまで（使用人兼務役員とされない役員）の規定中「役員」とあるのを「使用人」と読み替えた場合に同号イからハまでに掲げる要件のすべてを満たしている者で，その会社の経営に従事しているもの

3　概　　要

（1）　会社法の役員

　会社法上の役員は取締役や監査役及び会計参与をいいます。この会社法上の役員は登記事項であるため，法人の履歴事項全部証明書などを通して客観的に知ることができます。

　法人によっては専務取締役や常務取締役という役職を設けている場合がありますが，これらの役職は会社法には規定されていません。専務，常務であるかではなく，取締役であるかどうかで役員に該当するか否かを判断します。

　また，執行役員を設けている法人もあるかと思いますが，執行役員も会社法には規定されていません。執行役員は業務執行にあたり相当の権限を有してはいますが，役員ではなく使用人に該当します。

（2）　法人税法の役員

　一方，法人税法上の役員は「取締役，執行役，会計参与，監査役，理事，監

事及び清算人並びにこれら以外の者で法人の経営に従事している者のうち一定のもの」と規定されています。

会社法では役員が限定されていますが，法人税法では役員としての役職を有する者のほか経営に従事している者のうち一定のもの（以下「みなし役員」といいます）も含むため，役員をより広義にとらえています。

4　解　釈

法人税法上の役員は役職のみではなく，経営に従事しているかどうかを考慮して判断します。

相談役であったとしても，法人の経営に従事している者はみなし役員に該当しますが，事実上経営に参画していない者はみなし役員には該当しません。

この「経営に従事しているもの」の具体例は税法や通達では明記されていないので，客観的な事実から判断する必要があります。

関連解説

法人税法上の役員に対して適用がある規定について

法人税法上の役員については，課税の公平の観点から以下の規定が適用されます。

① 役員給与の損金不算入（法法34①）
② 過大な役員給与の損金不算入（法法34②）
③ 隠蔽仮装行為により支給する役員給与の損金不算入（法法34③）

Q9 使用人であっても役員とみなされる場合

私は、製造業である中小企業の経営者です。当社は同族会社に該当するのですが、同族会社では使用人でも役員とみなされる場合があると聞きました。それはどのような場合なのか教えてください。

A

SUMMARY　同族会社では、たとえ使用人であっても「特定株主」に該当する者で、その会社の経営に従事しているものは、その会社の役員とみなされます。

Reference　法法2十五，法令7・71①五，71③，法基通9-2-1

DETAIL

1　問題点

中小企業の多くは、少数の株主によって支配されている同族会社です。

同族会社においては、課税の公平の観点から特別な規定が設けられており、そのうちの一つとしてみなし役員の規定があります。税法上、給与などについては役員に該当するかどうかで取扱いが異なるため、みなし役員を含めた役員の範囲が問題となります。

2　条文・通達

●法人税法2条15号　役員

> 法人の取締役，執行役，会計参与，監査役，理事，監事及び清算人並びにこれら以外の者で法人の経営に従事している者のうち政令で定めるものをいう。

●法人税法施行令7条　役員の範囲

> 法第2条第15号（役員の意義）に規定する政令で定める者は，次に掲げる者とする。
> 一　法人の使用人（職制上使用人としての地位のみを有する者に限る。次号において同じ。）以外の者でその法人の経営に従事しているもの
> 二　同族会社の使用人のうち，第71条第1項第5号イからハまで（使用人兼務役員とされない役員）の規定中「役員」とあるのを「使用人」と読み替えた場合に同号イからハまでに掲げる要件のすべてを満たしている者で，その会社の経営に従事しているもの

3　概　　要

　法人税法上の役員には，会社法等の規定による役員のほか，一定の者でその会社の経営に従事しているものも含まれます。

(1)　役員として選任された者

　法人税法2条15号でも規定しているとおり，法人の取締役，会計参与，監査役，理事，監事及び清算人等として選任された者をいい，これらの者については事実上使用人であるかどうかは問われません。

　なお，執行役員制度における執行役員は，会社法上の役員ではありませんので，ここでいう役員には該当しません。

(2)　相談役，顧問等

　「法人の使用人以外の者でその法人の経営に従事しているもの」は役員とみなされますが，これには相談役，顧問その他これらに類する者でその法人内における地位，その行う職務等からみて他の役員と同様に実質的に法人の経営に従事していると認められるものが含まれます（法基通9-2-1）。

　なお，支配人，営業所長等，使用人としての職制上の地位だけを有する者は，「使用人以外の者」とはなりませんので注意が必要です。

（3）「特定株主」に該当する者（法令7二・71①五）

「特定株主」に該当する者とは，同族会社の使用人のうち次に掲げる要件のすべてを満たしている者をいいます。

なお，「特定株主」に該当する者でその会社の経営に従事しているものは，法人税法において役員とみなされます。

- イ　その使用人が次のいずれかの株主グループに属していること
  - ①　第1順位の株主グループの所有割合が50％超の場合における当該株主グループ
  - ②　第1順位及び第2順位の株主グループの所有割合を合計した場合にその所有割合がはじめて50％超となるときにおけるこれらの株主グループ
  - ③　第1順位から第3順位までの株主グループの所有割合を合計した場合にその所有割合がはじめて50％超となるときにおけるこれらの株主グループ
- ロ　その使用人の属する株主グループの当該会社に係る所有割合が10％超であること
- ハ　その使用人（その配偶者及びこれらの者の所有割合が50％超となる場合における他の会社を含む）の当該会社に係る所有割合が5％超であること

（注）「所有割合」とは，その会社がその株主等の有する株式数による判定により同族会社に該当することとなる場合には株式所有割合をいい，その会社が議決権数による判定により同族会社に該当することとなる場合には議決権割合をいい，その会社が社員数による判定により同族会社に該当することとなる場合には社員数割合をいいます（法令71③）。

4　解　釈

法人税法上の役員には，役員として選任された者以外にも，使用人以外でその法人の経営に従事しているものや，その会社の支配的な株主グループに属し経営に従事しているものも含まれます。

これに関し，以下のような裁決例があります。

> **裁決例**
>
> （１） 名目上の監査役にすぎない者の取扱い（昭和58年２月28日裁決）
> 　法人税法２条15号では監査役を役員としており，この場合に，実質的に監査役としての職務を果たしていないものを除外するというような規定は置いていないことから，商業登記簿上監査役である者が日常使用人としての職務に従事し，実質的に監査役としての職務を果たしていなかったとしても，その監査役は会社の役員であるとしています。
>
> （２） 商業登記簿上の役員でなくても実質的に会社の経営に従事している者の取扱い（昭和55年２月20日裁決）
> 　商業登記簿上の役員でない者であっても，自己の名義によって金融機関から事業用資金を借り入れることを決定するなどの資金計画を行い，商品の仕入れ及び販売の計画並びに従業員の採用の諾否及び給与の決定を行うなど，専ら自己の責任において会社の業務を運営していることが認められるので，その者は使用人以外の者でその法人の経営に従事している者に該当し，役員として取り扱うこととしています。

関連解説

会計参与である監査法人等の法人税法上の役員の判定

　会社法においては，会計参与は取締役と共同して計算書類及びその附属明細書等を作成すること（会社法374①）とされており，この会計参与は，公認会計士若しくは監査法人又は税理士若しくは税理士法人でなければならない（会社法333①）とされています。また，法人も持分会社の社員に就任することができる（会社法576①四・598）とされています。

　したがって，法人税法２条15号に規定する役員には，会計参与である監査法人又は税理士法人及び持分会社の社員である法人が含まれるとされています（法基通９－２－２）。

Q10 株主グループの所有割合によりみなし役員に該当する場合

当社は印刷業を営む中小企業です。私（A）の長男である「C」は病気のため長期療養が必要となり、代わりに今月からCの長男である「D」が当社で従業員として働くことになりました。Dは他社での勤務経験を生かし、金融機関から事業用資金を借り入れる等の資金管理、商品の仕入れや販売、従業員の採用などの業務を行っています。

この場合、Dは当社の役員に該当するのでしょうか。

〈当社の株主と株式所有割合〉

株主構成	株式所有割合
A（私）	15％
B（Aの妻）	10％
C（Aの長男）	11％
D（Cの長男）	7％
E（Aの友人）	6％
F（当社の従業員）	5％
その他の少数株主	46％

（注） Aは当社の代表取締役であり、BとCは当社の取締役である。

A

SUMMARY　「D」は特定株主に該当し、経営に従事しているため、貴社の役員に該当します。

Reference　法令7二・71①五

DETAIL

1 問題点

中小企業では組織が小規模であるため、会社内の地位による職務権限が明確にされていない会社が多く、会社法上の役員でなくとも、実質的に役員と同様

の権限を有し，職務を行っている者も存在します。

　法人税法では，役員に対する給与による利益調整を排除するため，対象となる役員の範囲を会社法等よりも広義に定義し，たとえ使用人であっても，みなし役員に該当する者であれば，役員に該当するものとして取り扱っています。ここでは，法人税法施行令7条2号で規定するみなし役員に該当するかどうかの判定が問題となります。

2　概　　要

(1)　株主グループの所有割合によりみなし役員となる場合

　次のいずれの要件も満たすときは，みなし役員に該当します。
　① 特定株主に該当すること
　② その会社の経営に従事している者であること

(2)　特定株主に該当するかどうかの判定（法令71①五）

　次のすべての要件を満たしている場合には，判定株主である使用人は特定株主に該当します（次頁の表を参照）。

　イ　「判定株主である使用人」と「その配偶者」の所有割合が5％超であること

　　| 「D」＝7％＞5％ |

　ロ　「判定株主である使用人」が属する株主グループの所有割合が10％超であること

　　| 「A」＋「B」＋「C」＋「D」＝43％＞10％ |

　ハ　「判定株主である使用人」が属する株主グループが次のいずれかに該当していること
　　①　第1順位の株主グループの所有割合が50％超の場合における当該株主

グループ

> 「判定株主である使用人」が属する株主グループ
> ＝43％＜50％ …該当しない

② 第1順位及び第2順位の株主グループの所有割合を合計した場合にその所有割合がはじめて50％超となる場合におけるこれらの株主グループ

> 「判定株主である使用人」が属する株主グループ＋「E」グループ
> ＝43％＋6％＝49％＜50％ …該当しない

③ 第1順位から第3順位までの株主グループの所有割合を合計した場合にその所有割合がはじめて50％超となる場合におけるこれらの株主グループ

> 「判定株主である使用人」が属する株主グループ＋「E」グループ
> ＋「F」グループ＝43％＋6％＋5％＝54％＞50％ …該当する

■特定株主の判定

株 主 名	株式所有割合	グループ割合
A（私）	15％	43％
B（Aの妻）	10％	
C（Aの長男）	11％	
D（Cの長男）	7％	7％
E（Aの友人）	6％	6％
F（当社の従業員）	5％	5％
その他の少数株主	46％	

上記の判定により，イ～ハのすべての要件を満たしているため，「D」は特定株主に該当します。

（3） 経営に従事している者

上記の場合「D」は，金融機関から事業用資金を借り入れる等の資金管理，商品の仕入れや販売，従業員の採用などの業務を行っており，専ら自己の責任において当社の業務を運営していることが明らかであることから，経営に従事している者と考えられます。

3　解　　釈

同族会社では，使用人として働いていたとしても，特定株主に該当し会社の経営に従事している場合には，実質的には役員と同様であると考えられることから，法人税法上は役員として取り扱うことになります。

「経営に従事しているかどうか」については，明確な規定はなく，事実認定により判断されるものと考えられますが，法人の経営方針等に関する重要事項の意思決定に参画しているかどうかにより判断されることになります。

裁決例

同族会社の判定の基礎となった株主に該当する使用人について役員に該当しないとした事例（昭和46年7月17日裁決）

代表者の息子である使用人は，その同族会社の判定の基礎となった株主には該当しますが，その勤務関係については常時代表者の指揮監督を受けており，事業運営上の重要事項に参画している事実が認められないことから，給料の支給状況等がたとえ一般使用人と異なっているという事実はあったとしても，それらの事実関係だけをとらえて役員に該当するとすることはできないとしています。

(2) 役員給与の支給方法

Q11　役員給与の支給方法

　当社は製造業を営んでいる中小企業です。次回の定時株主総会後の取締役会で，役員給与の改定を考えています。そこで当社が支給する役員給与で，改定時期や支給方法等に係る注意点はありますか。

A

SUMMARY　役員に支給する給与は，支給金額や支給方法などについて一定の要件を満たす給与でないと，損金算入が認められないため注意が必要です。

Reference　法法34，法令69①④

DETAIL

1　問題点

　役員給与は定期同額給与，事前確定届出給与，業績連動給与に該当するもののみが損金の額に算入され，それ以外は損金不算入となります。そのため法人が支給する役員給与が損金算入される給与に該当するかどうかが問題となります。

2　条文・通達

●法人税法34条1項　役員給与の損金不算入

　内国法人がその役員に対して支給する給与…のうち次に掲げる給与のいずれにも該当しないものの額は，その内国法人の各事業年度の所得の金額の計算上，損金の額に算入しない。
一　その支給時期が1月以下の一定の期間ごとである給与…で当該事業年度の

> 　各支給時期における支給額が同額であるものその他これに準ずるものとして政令で定める給与（…「定期同額給与」という。）
> 二　その役員の職務につき所定の時期に，確定した額の金銭…を交付する旨の定めに基づいて支給する給与で，定期同額給与及び業績連動給与のいずれにも該当しないもの…
> 三　内国法人…がその業務執行役員…に対して支給する業績連動給与…で，次に掲げる要件を満たすもの…

※第2号の給与を「事前確定届出給与」といいます。

3　概　　要

　法人が役員に対して支給する給与の額のうち定期同額給与，事前確定届出給与，業績連動給与のいずれにも該当しないものの額は，損金の額に算入されません。また，上記の給与に該当するものであっても，職務の内容より不相当に高額と認められる金額は損金の額に算入されません。

　なお，役員に対して支給する給与からは(1)退職給与で業績連動給与に該当しないもの，(2)使用人兼務役員に対して支給する給与で使用人としての職務に対するもの，(3)隠ぺい又は仮装経理により支給するものなどを除きます。

4　解　　釈

(1)　定期同額給与

　定期同額給与とは，役員に対して毎月同額を支給する給与です。またこれに準ずるものとして，適正に給与改定が行われたものが含まれます。

　給与改定については，法人の利益調整に利用されやすいため，恣意性の排除の観点から，以下に掲げる3つの給与改定に限られます（法令69①）。

　①　その事業年度開始の日の属する会計期間開始の日から3ヵ月を経過する日までに継続して毎年所定の時期にされる改定
　②　その事業年度においてその法人の役員の職制上の地位の変更，その役員

の職務の内容の重大な変更その他これらに類するやむを得ない事情（以下「臨時改定事由」といいます）によりされた役員に係る定期給与の額の改定

③　その事業年度においてその法人の経営状況が著しく悪化したことその他これに類する理由（以下「業績悪化改定事由」といいます）によりされた定期給与の額の改定（その定期給与の額を減額した改定に限ります）

同族会社は比較的容易に報酬の額を改定できますが，損金の額に算入できない場合も想定されるので注意が必要です。

確認として定期同額給与の範囲をまとめておきます。

■定期同額給与の範囲

	内　　容	注意点
定期給与	その事業年度の支給額が毎月同額である給与（法法34①）	不相当に高額である部分は損金不算入となる。以下同じ
改定給与	①　会計期間開始の日から3ヵ月を経過する日までに行われる改定給与 ②　臨時改定事由に該当する給与 ③　業績悪化改定事由に該当する給与 （法令69①一）	左の事由に該当しない改定給与は，損金不算入となる金額が生じる
経済的利益	利益額が毎月おおむね一定であるもの（法令69①二）	必ずしも毎月同額である必要はない

（2）　事前確定届出給与

事前確定届出給与とは，その役員の職務につき所定の時期に確定額を支給する旨の定めに基づいて支給する給与です。

事前確定届出給与は届出期限までに適正に届出を行わない限り，損金の額に算入することができないため，以下に掲げる届出期限（法令69④）を正確に把握する必要があります。

また適正に届出を行った場合でも，届出額と実際の支給額が異なる場合は，その全額が損金不算入となるため注意が必要です。

① **届出期限の原則**

　　事前確定届出給与に関する定めをした場合は，原則として，次のイ又はロのうちいずれか早い日が届出期限となります。

　イ　株主総会，社員総会又はこれらに準ずるもの（以下「株主総会等」といいます）の決議によりその定めをした場合におけるその決議をした日（その決議をした日が職務の執行を開始する日後である場合にはその開始する日）から1ヵ月を経過する日

　ロ　その会計期間開始の日から4ヵ月を経過する日

　　なお，新設法人がその役員の設立の時に開始する職務についてその定めをした場合にはその設立の日以後2ヵ月を経過する日が届出期限となります。

② **臨時改定事由により定めをした場合**

　臨時改定事由によりその臨時改定事由に係る役員の職務について事前確定届出給与に関する定めをした場合は，次に掲げる日のうちいずれか遅い日が届出期限となります。

　なお，その役員のその臨時改定事由が生ずる直前の職務について事前確定届出給与に関する定めがある場合を除きます。

　イ　上記①のイ又はロのうちいずれか早い日（新設法人にあっては，その設立の日以後2ヵ月を経過する日）

　ロ　臨時改定事由が生じた日から1ヵ月を経過する日

（3）業績連動給与

　法人税上，役員給与として損金算入できるものに業績連動給与も含まれています。ただし，原則的に少数の個人株主によって支配されている同族会社が支給する業績連動給与は全額損金不算入となります。

| 関連解説 |

会社法との関係について

　役員報酬額の決定に関して，法人税上は株主総会等による決定を前提としていると考えられます。
　一方，会社法では取締役等の報酬等の取扱いについて，次のように規定しています。

●会社法361条1項　取締役の報酬等

> 　取締役の報酬，賞与その他の職務執行の対価として株式会社から受ける財産上の利益（以下…「報酬等」という。）についての次に掲げる事項は，定款に当該事項を定めていないときは，株主総会の決議によって定める。
> 一　報酬等のうち額が確定しているものについては，その額
> 二　報酬等のうち額が確定していないものについては，その具体的な算定方法
> 三　報酬等のうち金銭でないものについては，その具体的な内容

　この内容から税務におけるプロセスを考えると，まず会社法の規定に基づき株主総会等で役員等の報酬の額を決議し，決定します。その後，その株主総会等の決議を行った日，決定した報酬の額をもとに法人税上の取扱いを判断することになります。

Q12　事前確定届出給与

当社は不動産業を営む中小企業です。法人経営が順調であり翌期の見通しも良いため，翌期に役員賞与の支給を検討しています。この支給にあたって税務上留意すべき点はありますか。

A

SUMMARY　法人が支給する役員賞与は原則，損金不算入となります。役員賞与を損金算入するためには，事前に支給時期や支給金額などを定めてその内容を記載した届出書を提出期限までに提出する必要があります。

(Reference)　法法34①二，法令69④

DETAIL

1　問題点

役員に対して賞与を支給する場合には，その賞与が税務署に対して事前に届け出られたものでなければ損金の額に算入されません。

また，その届出書には提出期限も定められているため，期限を過ぎると届出書を提出することができないので注意が必要です。

2　条文・通達

●法人税法34条1項　役員給与の損金不算入

　内国法人がその役員に対して支給する給与（退職給与で業績連動給与に該当しないもの，使用人としての職務を有する役員に対して支給する当該職務に対するもの及び第3項の規定の適用があるものを除く。以下この項において同じ。）のうち次に掲げる給与のいずれにも該当しないものの額は，その内国法人の各事業年度の所得の金額の計算上，損金の額に算入しない。

> 一　（省略）
> 二　その役員の職務につき所定の時期に，確定した額の金銭…を交付する旨の定めに基づいて支給する給与で，定期同額給与及び業績連動給与のいずれにも該当しないもの（…次に掲げる場合に該当する場合にはそれぞれ次に定める要件を満たすものに限る。）
> 　イ　その給与が定期給与を支給しない役員に対して支給する給与（同族会社に該当しない内国法人が支給する給与で金銭によるものに限る。）以外の給与…である場合
> 　　　政令で定めるところにより納税地の所轄税務署長にその定めの内容に関する届出をしていること。
> 　ロ，ハ　（省略）
> 三　（省略）

●法人税法施行令69条4項　定期同額給与の範囲等

> 　法第34条第1項第2号イに規定する届出は，第1号に掲げる日…までに，財務省令で定める事項を記載した書類をもってしなければならない。
> 一　株主総会等の決議により法第34条第1項第2号の役員の職務につき同号の定めをした場合における当該決議をした日（同日がその職務の執行の開始の日後である場合にあっては，当該開始の日）から1月を経過する日（同日が当該開始の日の属する会計期間開始の日から4月…を経過する日（以下この号において「4月経過日等」という。）後である場合には当該4月経過日等とし，新たに設立した内国法人がその役員のその設立の時に開始する職務につき法第34条第1項第2号の定めをした場合にはその設立の日以後2月を経過する日とする。）
> 二号以下（省略）

3　概　　要

　法人が役員に対して支給する給与のうち定期同額給与，事前確定届出給与及び業績連動給与のいずれにも該当しないものは，損金の額に算入されません。
　これらの給与のうち事前確定届出給与とは，その役員の職務につき所定の時

期に確定額を支給する旨の定めに基づいて支給する給与で，次に定める届出期限のうちいずれか早い日までに納税地の所轄税務署長へ事前確定届出給与に関する定めの内容に関する届出をしたものをいいます。

① 事前確定届出給与に係る株主総会等の決議をした日から１ヵ月を経過する日
② 事前確定届出給与に係る職務の執行を開始する日から１ヵ月を経過する日
③ その会計期間開始の日から４ヵ月を経過する日
④ 設立の日以後２ヵ月を経過する日

4 解　釈

　役員賞与が法人の損金の額に算入されるためには，その役員賞与の支給時期と支給額を株主総会等で定めることと，その定めの内容を記載した届出書を提出期限までに納税地の所轄税務署長へ提出する必要があります。

　役員賞与の内容を株主総会等で定める際には，株主総会議事録等を作成し，支給時期，支給額及び決議をした日を明確にする必要があるでしょう。

　また，提出期限を１日でも過ぎると届出書を提出することができなくなるので，届出書の提出期限には細心の注意が必要です。

　提出期限については，「株主総会の決議をした日から１月を経過する日」に該当するケースが多いのではないかと思います。この場合の，「決議をした日から１ヵ月を経過する日」とは，決議をした日の翌月の応当日となります。

　例えば，決議をした日が５月23日であった場合は６月23日が届出書の提出期限となります。

関連解説

1 事前確定届出給与に関する定めを変更する場合について

　事前確定届出給与に関する届出書を提出した法人において、臨時改定事由又は業績悪化改定事由に該当することとなった場合には、当初の事前確定届出給与に関する定めの内容を変更することができます。その場合の変更に関する届出書の提出期限は、次の区分に応じ、それぞれ次の日となります（法令69⑤）。

　なお、臨時改定事由とは当該事業年度において当該内国法人の役員の職制上の地位の変更その他これらに類するやむを得ない事情をいいます（法令69①一ロ）。

　また、業績悪化改定事由とは、当該事業年度において当該内国法人の経営の状況が著しく悪化したことその他これに類する理由をいいます（法令69①一ハ）。

（1）　臨時改定事由に該当する場合
　　　その事由が生じた日から1ヵ月を経過する日
（2）　業績悪化改定事由に該当する場合（給与の額を減額する場合に限る）
　　　変更に関する株主総会等の決議をした日から1ヵ月を経過する日

2 届け出た支給額と実際の支給額が異なる場合

　事前確定届出給与は、所定の時期に確定額を支給する旨の定めに基づいて支給される給与と規定されているため、届け出た支給額と実際の支給額が異なることになった場合は、原則として、その支給額の全額が損金不算入となるため注意が必要です（法基通9-2-14）。

(3) 親族に支給する賞与の取扱い

Q13　役員の範囲

> 当社は飲食店を営む中小企業です。社長の息子（当社の株主）が使用人として働いていますが，息子に対して支給する賞与は損金となるのでしょうか。

A ....

SUMMARY　使用人として従事していても，税務上はみなし役員となる場合があります。仮に同族会社であれば，みなし役員と判定された場合，その賞与は事前確定届出給与に該当しないと損金の額に算入することができません。

Reference　法法2十五，法令7・71

DETAIL

1　問題点

　会社法上の役員と，税務上の役員は異なります。税務上の役員と判定された場合，その者に対して支給した給与は役員給与の損金不算入の規定の対象となります。

　そのため，みなし役員となる使用人の給与（特に賞与）の取扱いが問題となります。

2　条文・通達

●法人税法2条15号　役員

> 法人の取締役，執行役，会計参与，監査役，理事，監事及び清算人並びにこれら以外の者で法人の経営に従事している者のうち政令で定めるものをいう。

●法人税法施行令7条　役員の範囲

> 法第2条第15号（役員の意義）に規定する政令で定める者は，次に掲げる者とする。
> 一　法人の使用人（職制上使用人としての地位のみを有する者に限る。次号において同じ。）以外の者でその法人の経営に従事しているもの
> 二　同族会社の使用人のうち，第71条第1項第5号イからハまで（使用人兼務役員とされない役員）の規定中「役員」とあるのを「使用人」と読み替えた場合に同号イからハまでに掲げる要件のすべてを満たしている者で，その会社の経営に従事しているもの

3　概　　要

　法人税法上の役員は，取締役や執行役といった役員としての役職を有している者と，役員としての地位を有していないが経営に従事し，かつ一定の要件を満たしている者となります。

　この場合の役員としての地位を有していない者が，税務上のみなし役員となります。

　みなし役員は，「使用人以外の者で経営に従事している者」及び「使用人兼務役員とされない役員」の規定中，「役員」を「使用人」と読み替えた場合に，下記の要件のすべてを満たしている者が該当します。

　イ　法人の株主グループにつきその所有割合が最も大きいものから順次その順位を付し，その第1順位の株主グループ（同順位の株主グループが2以上ある場合には，そのすべての株主グループ）の所有割合を算定し，又はこれに順次第2順位及び第3順位の株主グループの所有割合を加算した場合において，当該使用人が次に掲げる株主グループのいずれかに属していること
　　(1)　第1順位の株主グループの所有割合が50％超のその株主グループ
　　(2)　第1順位及び第2順位の株主グループの所有割合を合計した場合にその所有割合がはじめて50％超となる場合におけるこれらの株主グループ

⑶　第1順位から第3順位までの株主グループの所有割合を合計した場合にその所有割合がはじめて50％超となる場合におけるこれらの株主グループ
ロ　その使用人の属する株主グループの所有割合が10％を超えていること
ハ　その使用人（その配偶者及びこれらの者の所有割合が50％超である他の会社を含む）の所有割合が5％を超えていること

4　解　　釈

(1)　役員の判定

　役員給与の損金不算入の規定の適用対象となる役員の範囲を正確につかむために，まず会社法上の役員の定義を確認します。
　会社法上，役員とは，取締役，会計参与，及び監査役をいいます（会社法329①）。また，会社法施行規則2条3項3号ではこれらの者のほか，執行役，理事，監事その他これらに準ずる者を含めて役員と定義しています。
　この規定と法人税法2条15号を比較すると，税務上の役員の方が政令で定める部分だけ役員の範囲が広くなることがわかります。法人税法では，たとえ役員としての役職を有していなくても，その者の職務の実態が役員と変わらないのであれば，役員として扱うこととしています。

(2)　みなし役員

　法人税法上，役員としての地位を有していなくても，職務の実態が役員と変わらないのであれば，みなし役員として取り扱われます。みなし役員に該当するケースは次の2つとなります。
　①　使用人以外の者で経営に従事している者
　②　同族会社の特定株主等である使用人
　中小企業の多くは同族会社です。同族会社の場合，使用人であっても持株を通して経営に参画するケースが考えられます。そのため，同族会社の使用人に

ついては，経営に従事し，株式所有割合を満たす場合は役員として取り扱うこととされています。

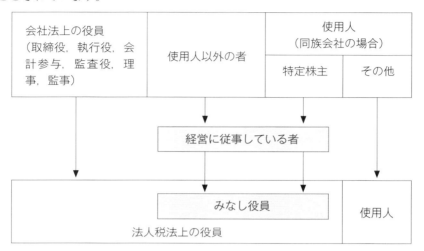

関連解説

1　みなし役員に該当しない場合

　みなし役員に該当しない場合は使用人となるため，賞与として支出した金額は不相当に高額な金額を除き，損金の額に算入されます。

2　みなし役員に該当する場合

　みなし役員に該当する場合には，その賞与の額の取扱いは通常の役員と同様となります。

　したがって，仮に同族会社であるならば事前確定届出給与に関する届出が適正に行われ，かつ，支給額と届出額が同額である場合に限り損金の額に算入されます。

Q14　使用人兼務役員

> 当社は製造業を営む中小企業です。現在社長の親族が使用人兼務役員として勤務していますが，その親族に支給する賞与は税務上どのような取扱いになりますか。

A ....

SUMMARY　使用人に対する賞与は損金となりますが，同族会社であれば役員に対する賞与は事前確定届出給与に該当しない限り損金の額に算入することができません。そのため使用人兼務役員に対して支給する賞与は，使用人部分と役員部分を分けて把握することが必要となります。

Reference　法法34⑥，法基通9-2-23・9-2-26

DETAIL

1　問題点

使用人兼務役員に対して支給する給与は，役員分として支給されるものと使用人として支給されるものとの合計額と考えられますが，役員給与の損金不算入の規定を考慮するのは役員部分のみとなります。そのため支給額のうち役員部分と使用人分を分けて把握しなければならないという問題点があります。

また，職制上使用人兼務役員として職務に従事していたとしても，税務上は使用人兼務役員とされない場合もありますので，その判断も必要となります。

2　条文・通達

●法人税法34条6項

> …使用人としての職務を有する役員とは，役員（社長，理事長その他政令で定めるものを除く。）のうち，部長，課長その他法人の使用人としての職制上の地位を有し，かつ，常時使用人としての職務に従事するものをいう。

3　概　　要

　使用人兼務役員とは，法人の役員であると同時に使用人としての地位も有している者で，実際にその使用人としての職務に従事しているものをいいます。
　ただし，社長や，代表取締役，同族会社の役員で株式所有割合を満たしている者などは，法人の経営への影響が大きいため使用人兼務役員とはなれないこととされています。
　同族会社の役員で株式所有割合を満たしているか否かの判定は次のとおりです（法令71①五）。

　イ　法人の株主グループにつきその所有割合が最も大きいものから順次その順位を付し，その第1順位の株主グループ（同順位の株主グループが2以上ある場合には，そのすべての株主グループ）の所有割合を算定し，又はこれに順次第2順位及び第3順位の株主グループの所有割合を加算した場合において，当該役員が次に掲げる株主グループのいずれかに属していること
　　⑴　第1順位の株主グループの所有割合が50％超であるその株主グループ
　　⑵　第1順位及び第2順位の株主グループの所有割合を合計した場合にその所有割合がはじめて50％超となる場合におけるこれらの株主グループ
　　⑶　第1順位から第3順位までの株主グループの所有割合を合計した場合にその所有割合がはじめて50％超となる場合におけるこれらの株主グループ
　ロ　その役員の属する株主グループの所有割合が10％を超えていること
　ハ　その役員（その配偶者及びこれらの者の所有割合が50％超である他の会社を含む）の所有割合が5％を超えていること

4　解　　釈

(1)　使用人兼務役員の意義

　使用人兼務役員とは役員であることが前提となります。役員であり，使用人としての役職を持っており，その使用人としての業務を実際に行っているものをいいます。

　ただし，下記に掲げる者は，法人の経営に大きくかかわっているため，使用人として取り扱うのは不適当であると考えられ，純然たる役員として取り扱われます（法令71①）。

① 代表取締役，代表執行役，代表理事及び清算人
② 副社長，専務，常務その他これらに準ずる職制上の地位を有する役員
③ 合名会社，合資会社及び合同会社の業務執行社員
④ 取締役（指名委員会等設置会社の取締役及び監査等委員である取締役に限る），会計参与及び監査役並びに監事
⑤ 同族会社の役員のうち，特定株主等の株式所有割合を満たすもの

　使用人兼務役員に対する給与は，役員分と使用人分とに分けて考える必要があります。役員分の給与は，役員給与の損金不算入の規定を考慮する必要があるためです。

(2)　使用人分の給与の適正額

　使用人兼務役員の使用人分給与の適正額は次の基準で判断します（法基通9-2-23）。

① 類似する使用人がいる場合
　　使用人兼務役員が現に従事している使用人の職務とおおむね類似する職務に従事する使用人に対して支給した給与の額に相当する金額が，原則として，使用人分の給与として相当な金額となります。
② 類似する使用人がいない場合
　　使用人兼務役員が役員となる直前に受けていた給与の額，その後のベー

スアップ等の状況等を考慮して適正に見積った金額が、使用人分の給与として相当な金額となります。

　この規定から考えると、使用人兼務役員に部長や課長といった使用人としての役職がある場合には、同じ役職の使用人と同等の支給額が使用人分としての適正な給与ということになります。

　また同じレベルの役職についている他の使用人がいない場合には、その使用人兼務役員の役員就任直前の給与額とその後のベースアップ等を総合的に考慮した金額をもって使用人分としての適正な給与とすることになります。

　なお、使用人分は基本的に損金となりますが、役員分は定期同額給与、事前確定届出給与などに該当しないと損金の額に算入できません。

(3) 使用人兼務役員の賞与の支給時期について

　使用人兼務役員に対して支給した使用人分賞与が、損金となるためには原則として、その支給時期が他の使用人に対する賞与の支給時期と同じである必要があります。

　この場合に、他の使用人に対する賞与の支給時期に未払金として経理して、他の役員への支給時期に支給した場合は、過大役員給与に該当し損金の額に算入できないことになります（法基通9-2-26）。

関連解説

機構上職制の定められていない法人の特例

　法人の役員であり、使用人としての職制上の地位を有していない場合であっても、使用人兼務役員に該当する場合があります。次の通達でその内容が挙げられています。

●法人税基本通達9-2-6　機構上職制の定められていない法人の特例

> 事業内容が単純で使用人が少数である等の事情により，法人がその使用人について特に機構としてその職務上の地位を定めていない場合には，当該法人の役員（法第34条第6項括弧書《使用人兼務役員とされない役員》に定める役員を除く。）で，常時従事している職務が他の使用人の職務の内容と同質であると認められるものについては，9-2-5にかかわらず，使用人兼務役員として取り扱うことができるものとする。

　つまり，事業規模がそれほど大きくなく職制上の地位を定めるまでもない法人の取締役等の役員のうち使用人としての職務に従事しているものは，使用人としての職制上の地位がない場合であっても使用人兼務役員として認めるというものです。

(4) 役員給与に係る特別な取扱い

Q15 過大役員給与

　当社は印刷業を営む中小企業者です。今期は大きな利益が見込まれているため，社長や社長の親族に対する給与をなるべく多く支給したいと思っています。この場合，その支給が定期同額であれば損金算入できるでしょうか。

A ....

SUMMARY　役員に支払われる給与が定期同額であっても，その給与のうち不相当に高額な部分の金額は，損金の額に算入されません。また特殊関係使用人に対する給与も，不相当に高額な部分の金額は損金の額に算入されません。

Reference　法法34②，法令70一，法基通9-2-21

DETAIL

1　問題点

　法人が役員に対して支給する給与の額について，定期同額給与や事前確定届出給与に該当するものであっても，不相当に高額な部分の金額は損金の額に算入することはできません。

　また特殊関係使用人に支給する給与も，不相当に高額な部分の金額は損金不算入となります。

　この場合，不相当に高額な部分の金額をどのように算定するかが問題点です。

2　条文・通達

●法人税法34条2項

> 内国法人がその役員に対して支給する給与…の額のうち不相当に高額な部分の金額…は，その内国法人の各事業年度の所得の金額の計算上，損金の額に算入しない。

3　概　　要

　法人税法34条2項で，法人が役員に支給した給与のうち不相当に高額な部分の金額は損金の額に算入しないと規定されています。この不相当に高額な部分の金額とは，役員の職務の内容などをもとに判断する実質基準により算出した金額と，株主総会などで決議した金額をもって判断する形式基準により算出した金額のいずれか大きい金額となります。

　例えば同族会社の場合には，ある程度自由に役員給与を定めることができ，利益操作が可能になってしまうため，不相当に高額な部分の金額を損金不算入としていると考えられます。

　なお，実質基準と形式基準は次のように規定されています。

（1）　実質基準（法令70一イ）

　内国法人が各事業年度においてその役員に対して支給した給与の額が，当該役員の職務の内容，その内国法人の事情，その内国法人と同種の事業を営む一定の法人の役員に対する給与の支給の状況等に照らし，当該役員の職務に対する対価として相当であると認められる金額を超える場合におけるその超える部分の金額

（2）　形式基準（法令70一ロ）

　定款の規定又は株主総会等の決議により役員給与の限度額を定めている内国法人が各事業年度においてその役員（当該限度額等が定められた給与の支給の

対象となるものに限ります）に対して支給した給与の額の合計額が，当該事業年度に係る当該限度額を超える場合におけるその超える部分の金額

4　解　　釈

（1）　不相当に高額な金額（実質基準）

　実質基準による不相当に高額な部分の金額は，次の3つの要素を総合勘案して算定することになります。
　①　その職員の職務の内容
　②　その法人の収益及び使用人の給与の支給状況
　③　同種事業を営む事業規模類似法人の役員給与の支給状況
　この判定は，個々の役員ごとに行うものとされ，使用人兼務役員の使用人分給与も含めて判定することになります（法基通9-2-21）。
　また税務上のみなし役員もこの規定の対象となります。

（2）　不相当に高額な金額（形式基準）

　形式基準とは，株主総会等の決議により限度額を定めている法人について，その役員に対して支給した給与の額が，その限度額を超えているかどうかをもって判定するものです。
　このため法人が支出した役員給与の額のうち，株主総会等の決議による支給限度額を超える部分の金額は不相当に高額な部分の金額に該当することになり，損金の額に算入することができません。
　また形式基準の判定の対象となる役員については，「当該限度額等が定められた給与の支給の対象となるものに限る」と規定されています（法令70一ロかっこ書）。
　限度額が定められるのは株主総会等であるので，その対象となる役員は会社法上の役員となります，そのため税務上のみなし役員は形式基準の適用対象に該当しないことになります。

■形式基準による損金不算入

		損金不算入額
株主総会等の決議による限度額	実際の支給額	

関連解説

1　特殊関係使用人に支給する給与

　法人が，その役員の親族等である使用人（特殊関係使用人）に対して支給する給与の額のうち，不相当に高額な部分の金額は損金不算入とされます（法法36）。

　これは，過大役員給与の損金不算入の対象とならない使用人（役員の親族等である者）に多額の給与を支給し，利益操作を行うといった行為を防止するためのものです。

　ここでいう，特殊関係使用人とは次に掲げる者とされています（法令72）。

　①　役員の親族
　②　役員と事実上婚姻関係と同様の関係にある者
　③　上記①②以外の者で役員から生計の支援を受けているもの
　④　上記②③に掲げる者と生計を一にするこれらの者の親族

　これらの者に対する給与のうち不相当に高額な部分の金額は，損金不算入の対象となりますが，この場合の「不相当に高額な部分の金額」とは，基本的に上記解釈に掲げる実質基準と同様のものとなります（法令72の2）。

2　隠ぺい・仮装経理による支給について

　内国法人が事実を隠ぺいし，又は仮装して経理することにより，その役員に対して給与を支給した場合は，その支給した金額は損金の額に算入されないこ

とになっています（法法34③）。

　たとえ定期同額給与等に該当する要件を満たしている場合であっても，それが不正経理に基づくものであるなら，損金性は認め難いため，このような規定が設けられています。

Q16 経済的利益

役員に対して金銭を無利息で貸し付けると，利息相当額は役員に対する給与になると聞きました。役員に対する給与とは，金銭により支給する給与以外にどのようなものがありますか。

A ....

SUMMARY 役員に対する給与には，金銭により支給する給与のほか，給与を支給したと同様の経済的効果をもたらす，債務免除益などの経済的利益も含まれます。

Reference 法基通9-2-9，法令69①二

DETAIL

1 問題点

役員等に対して支給する給与には，債務免除益などの経済的利益も含まれます。ただし，役員給与は定期同額給与，事前確定届出給与，業績連動給与に該当しない場合は，損金の額に算入されないため，給与となる経済的利益がこれらに該当するか否かが問題点となります。

2 条文・通達

●**法人税基本通達9-2-9 債務の免除による利益その他の経済的な利益**

> 法第34条第4項《役員給与》及び法第36条《過大な使用人給与の損金不算入》に規定する「債務の免除による利益その他の経済的な利益」とは，…実質的にその役員等（役員及び同条に規定する特殊の関係のある使用人をいう…）に対して給与を支給したと同様の経済的効果をもたらすもの…をいう。

3　概　　要

　給与と認定されるその他の経済的利益とは，以下のようにその役員又は使用人に対して支給した給与と同様の経済的効果をもたらすものをいいます（法基通9-2-9）。

(1) 役員等に対して物品その他の資産を贈与した場合におけるその資産の価額に相当する金額
(2) 役員等に対して所有資産を低い価額で譲渡した場合におけるその資産の価額と譲渡価額との差額に相当する金額
(3) 役員等から高い価額で資産を買い入れた場合におけるその資産の価額と買入価額との差額に相当する金額
(4) 役員等に対して有する債権を放棄し又は免除した場合（貸倒れに該当する場合を除きます）におけるその放棄し又は免除した債権の額に相当する金額
(5) 役員等から債務を無償で引き受けた場合におけるその引き受けた債務の額に相当する金額
(6) 役員等に対してその居住の用に供する土地又は家屋を無償又は低い価額で提供した場合における通常取得すべき賃貸料の額と実際徴収した賃貸料の額との差額に相当する金額
(7) 役員等に対して金銭を無償又は通常の利率よりも低い利率で貸し付けた場合における通常取得すべき利率により計算した利息の額と実際徴収した利息の額との差額に相当する金額
(8) 役員等に対して無償又は低い対価で(6)及び(7)に掲げるもの以外の用役の提供をした場合における通常その用役の対価として収入すべき金額と実際に収入した対価の額との差額に相当する金額
(9) 役員等に対して機密費，接待費，交際費，旅費等の名義で支給したもののうち，その法人の業務のために使用したことが明らかでないもの
(10) 役員等のために個人的費用を負担した場合におけるその費用の額に相当

する金額

(11) 役員等が社交団体等の会員となるため又は会員となっているために要する当該社交団体の入会金、経常会費その他当該社交団体の運営のために要する費用で当該役員等の負担すべきものを法人が負担した場合におけるその負担した費用の額に相当する金額

(12) 法人が役員等を被保険者及び保険金受取人とする生命保険契約を締結してその保険料の額の全部又は一部を負担した場合におけるその負担した保険料の額に相当する金額

なお、明らかに株主等の地位に基づいて取得したと認められるもの及び病気見舞、災害見舞等のような純然たる贈与と認められるものを除きます。

4 解　釈

(1) 役員給与の損金不算入の規定について

　経済的利益が役員に対する給与と認められる場合、定期同額給与、事前確定届出給与及び業績連動給与のいずれかに該当すれば損金の額に算入することができます。しかし、その経済的利益は一般的にその支給額を事前に把握することが困難であることから、支給額を事前に確定する必要がある事前確定届出給与として損金算入することは困難です。

　またその経済的利益が利益に連動して算出されるものでなければ、当然業績連動給与にも該当せず損金の額に算入されません。

　さらに臨時的に発生した経済的利益は定期同額給与にも該当しないことになり、その経済的利益の額の全額が、損金の額に算入されないこととなります。

(2) 毎月おおむね一定の経済的利益

　経済的利益のうち定期同額給与に該当するものは、その供与される利益の額が毎月おおむね一定であるものとされています（法令69①二）。

　毎月おおむね一定の経済的利益は、現金による支給とは異なり、必ずしも毎

月同額であることまでは求められていません。

　例えば役員に貸し付けた金銭について，その利息額を徴収しない場合において徴収しない利息額は給与となりますが，毎月の元本の返済状況により少しずつ減少していく利息としての経済的利益は，毎月おおむね一定の経済的利益に該当することになります。

関連解説

1　毎月おおむね一定の経済的利益の例示

　毎月おおむね一定の経済的利益とは，次に掲げるものをいいます（法基通9－2－11）。
(1)　役員に対して贈与する物品その他の資産の価額に相当する金額で，その額が毎月おおむね一定しているもの
(2)　役員に対して所有資産を低い価額で譲渡した場合におけるその資産の価額と譲渡価額との差額に相当する金額で，その額が毎月おおむね一定しているもの
(3)　役員に対する無償又は低い対価での用役の提供における，通常の対価と実際の対価との差額に相当する金額で，その額が毎月おおむね一定しているもの
(4)　役員に対する居住用土地又は家屋の無償又は低い価額での提供で，通常収受すべき賃貸料と実際徴収した賃貸料との差額に相当する金額（その額が毎月著しく変動するものを除く）
(5)　役員に対する無償又は通常利率よりも低い利率による金銭の貸付けで，通常利率による利息の額と実際徴収した利息の額との差額に相当する金額（その額が毎月著しく変動するものを除く）
(6)　毎月定額により支給される渡切交際費
(7)　毎月負担する役員の住宅の光熱費，家事使用人給料等（その額が毎月著しく変動するものを除く）
(8)　役員が会員となっている社交団体等の経常会費その他運営のための費用

で，経常的に負担するもの
(9)　役員を被保険者及び保険金受取人とする生命保険契約の保険料で，経常的に負担するもの

2　所得税の源泉徴収について

　経済的利益が給与として取り扱われる場合には，支給する法人において源泉徴収を行う必要があります。

Q17 課税されない経済的利益

先日,永年勤務した役員に対して記念品を贈呈しました。経済的利益に該当すると思い,役員給与として取り扱おうとしていたところ,給与として課税されないという話を聞きましたが,よいのでしょうか。また,他にも給与として課税されないものはあるのでしょうか。

A ....

SUMMARY 永年勤続者への記念品については,一定の要件を満たせば給与として課税されません。またこの他に所得税法上で給与として課税されない経済的利益,株主として受けるもの,社会通念上の純然たる贈与も給与として課税されないものに該当します。

Reference 法基通9-2-9・9-2-10

DETAIL

1 問題点

役員又は使用人が法人から受ける経済的利益であっても,給与として取り扱わず給与課税されないものがあります。この場合,法人として一定の処理が要求されているため,その処理が適切にできているかが問題点となります。

さらに,給与とされない経済的利益の取扱いは所得税基本通達に掲げられているため,その通達の内容を把握する必要があります。

2 条文・通達

●法人税基本通達9-2-9(かっこ書)

> …給与を支給したと同様の経済的効果をもたらすもの(明らかに株主等の地位に基づいて取得したと認められるもの及び病気見舞,災害見舞等のような純然たる贈与と認められるものを除く。)…

●法人税基本通達9－2－10　給与としない経済的な利益

> 法人が役員等に対し9－2－9に掲げる経済的な利益の供与をした場合において，それが所得税法上経済的な利益として課税されないものであり，かつ，当該法人がその役員等に対する給与として経理しなかったものであるときは，給与として取り扱わないものとする。

3　概　　要

　役員又は使用人に対し給与を支給したと同様の経済的効果がもたらされるものであっても，それが役員としてではなく株主として供与されたものは配当として取り扱われます。病気見舞，災害見舞による贈与は社会通念上の観点から給与として課税されません。また所得税法上で経済的利益とならないと定められているもので，法人が給与として経理していない場合は，給与として取り扱わないこととなります。

4　解　　釈

(1)　所得税法上，経済的利益として課税されないもの

　法人が役員又は使用人に対して経済的な利益の供与をした場合であっても，その経済的利益が所得税の課税の対象とされないもので，法人がこれを給与として経理しなかったものであるときは，法人税法でもこれを給与として取り扱わないこととなります。これは，給与とするかどうかは所得税の取扱いにより判定すべきとの考えに基づくものです。所得税基本通達で掲げられている経済的利益として課税されないものを，以下にまとめておきます。

1	永年勤続者の記念品等	所基通36-21
2	創業記念品等	所基通36-22
3	商品,製品等の値引販売	所基通36-23
4	残業又は宿日直をした者に支給する食事	所基通36-24
5	掘採場勤務者に支給する燃料	所基通36-25
6	寄宿舎の電気料等	所基通36-26
7	金銭の無利息貸付け等（一定の場合）	所基通36-28
8	用役の提供等	所基通36-29
9	使用人等に対し技術の習得等をさせるために支給する金品	所基通36-29の2
10	使用者が負担するレクリエーションの費用	所基通36-30

(2) 株主等の地位に基づいて取得したと認められるもの

　経済的利益であっても株主として供与されているものは配当として取り扱います。株主として受ける配当は法人の課税済所得の分配にあたるので、給与とは区別する必要があるためです。

(3) 病気見舞等のような社会通念上の純然たる贈与

　役員が会社から経済的利益の供与を受けた場合においても、その供与が病気見舞、災害見舞等のような社会通念上の純然たる贈与であれば経済的利益とはなりません。そのため、会社側では損金（福利厚生費）として処理することになります。

関連解説

1　所得税について

　法人が役員又は使用人に対して支給した経済的利益が給与として課税されない場合には、源泉徴収義務はありません。

2　経済的利益の取扱いのまとめ

　役員に対して支給する経済的利益の額の取扱いは、次の3通りに分類するこ

とができます。
- (1) 損金不算入として取り扱うもの
    - 給与となる経済的利益の額で臨時的なもの
    - 毎月おおむね一定の経済的利益のうち不相当に高額なもの
- (2) 配当として取り扱うもの
    - 株主等の地位に基づいて取得したもの（法人の利益の有無にかかわらず支給されるものを除く。所基通24-2）
- (3) 損金算入となるもの
    - 上記(1), (2)以外のもの

上記の内容をまとめると，次頁の図のようになります。

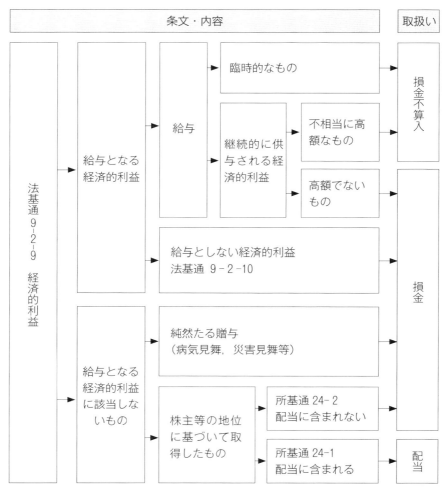

(注) 継続的に供与される経済的利益は、毎月おおむね一定のものを前提としています。毎月おおむね一定でないものは損金不算入となります。

Ⅱ 保険料

Q18 養老保険・定期保険

　契約者を会社，被保険者を役員とする生命保険契約を締結しようと考えています。養老保険又は定期保険の契約を締結した場合の課税関係はどのようになりますか。

A ....

SUMMARY　法人が契約者となる養老保険，定期保険については，保険金受取人及び被保険者が誰であるかにより取扱いに違いが生じます。

Reference　法基通9-3-4・9-3-5・9-3-6の2

DETAIL

1　問 題 点

　法人税法における保険料の取扱いについては，保険の種類や契約内容ごと（満期保険金の有無・保険内容・被保険者別・保険金受取人別）に様々な取扱いが規定されています。したがって，法人側では，保険契約を締結する前に会計処理及び税務上の取扱い（特に被保険者が限定されている場合）について十分に検討する必要があります。

2　条文・通達

●法人税基本通達9-3-4　養老保険に係る保険料

　法人が，自己を契約者とし，役員又は使用人（これらの者の親族を含む。）を被保険者とする養老保険（被保険者の死亡又は生存を保険事故とする生命保険をいい，傷害特約等の特約が付されているものを含むが，9-3-6に定める定

期付養老保険を含まない。…）に加入してその保険料（令第135条《確定給付企業年金等の掛金等の損金算入》の規定の適用があるものを除く。…）を支払った場合には，その支払った保険料の額（傷害特約等の特約に係る保険料の額を除く。）については，次に掲げる場合の区分に応じ，それぞれ次により取り扱うものとする。
（省略：下記概要参照）

● 法人税基本通達9-3-5　定期保険に係る保険料

> 法人が，自己を契約者とし，役員又は使用人（これらの者の親族を含む。）を被保険者とする定期保険（一定期間内における被保険者の死亡を保険事故とする生命保険をいい，傷害特約等の特約が付されているものを含む。…）に加入してその保険料を支払った場合には，その支払った保険料の額（傷害特約等の特約に係る保険料の額を除く。）については，次に掲げる場合の区分に応じ，それぞれ次により取り扱うものとする。
> （省略：下記概要参照）

● 法人税基本通達9-3-6の2　傷害特約等に係る保険料

> 法人が，自己を契約者とし，役員又は使用人（これらの者の親族を含む。）を被保険者とする傷害特約等の特約を付した養老保険，定期保険又は定期付養老保険に加入し，当該特約に係る保険料を支払った場合には，その支払った保険料の額は，期間の経過に応じて損金の額に算入することができる。（省略）

3　概　要

(1)　養老保険の取扱い

① 死亡保険金及び生存保険金の受取人が当該法人である場合

　その支払った保険料の額は，保険事故の発生又は保険契約の解除若しくは失効により当該保険契約が終了する時までは資産に計上するものとする。

② 死亡保険金及び生存保険金の受取人が被保険者又はその遺族である場合

その支払った保険料の額は，当該役員又は使用人に対する給与とする。

③ 死亡保険金の受取人が被保険者の遺族で，生存保険金の受取人が当該法人である場合

その支払った保険料の額のうち，その2分の1に相当する金額は①により資産に計上し，残額は期間の経過に応じて損金の額に算入する。

(2) 定期保険の取扱い

① 死亡保険金の受取人が当該法人である場合

その支払った保険料の額は，期間の経過に応じて損金の額に算入する。

② 死亡保険金の受取人が被保険者の遺族である場合

その支払った保険料の額は，期間の経過に応じて損金の額に算入する。

(3) 傷害特約等の保険契約

原則，保険料の金額を損金の額に算入することができる。

※死亡保険金…被保険者が死亡した場合に支払われる保険金をいう。
　生存保険金…被保険者が保険期間の満了の日その他一定の時期に生存している場合に支払われる保険金をいう。

4　解　釈

養老保険に係る保険料の法人税上の取扱いは以下のようになります。

保険契約者…法人
被保険者　…役員又は使用人（これらの親族を含む）

保険金受取人		取　扱　い
死亡保険金	満期保険金	
いずれも法人の場合		保険料を全額資産計上
被保険者又はその遺族		被保険者に対する給与
被保険者の遺族	法人	保険料の2分の1相当額 …資産計上 保険料の額から上記2分の1相当額を控除した金額 …期間の経過に応じて損金の額に算入する。ただし，役員又は部課長その他特定の使用人（これらの親族を含む）のみを被保険者としている場合には，その者に対する給与

　定期保険に係る保険料の法人税法上の取扱いは以下のようになります。

保険契約者…法人
被保険者　…役員又は使用人（これらの親族を含む）

死亡保険金の受取人	取　扱　い
法　　人	期間の経過に応じて損金の額に算入
被保険者の遺族	期間の経過に応じて損金の額に算入 ただし，役員又は部課長その他特定の使用人（これらの親族を含む）のみを被保険者としている場合には，その者に対する給与

　傷害特約等に係る保険料の法人税法上の取扱いは以下のようになります。

保険契約者…法人
被保険者　…役員又は使用人（これらの親族を含む）

特約に係る給付金の受取人	取　扱　い
法　　人	期間の経過に応じて損金の額に算入することができる。
被保険者の遺族	期間の経過に応じて損金の額に算入することができる。ただし，役員又は部課長その他特定の使用人（これらの親族を含む）のみを被保険者としている場合には，その者に対する給与

> **関連解説**

　上記の取扱いは，役員又は部課長その他特定の使用人（これらの者の親族を含みます）のみを被保険者又は傷害特約等に係る給付金の受取人としている場合には，その保険料の額に相当する金額を，当該役員又は使用人に対する給与として取り扱うこととされています。その場合の判断基準として，所得税基本通達において以下のように規定されています。

(1)　保険加入の対象とする役員又は使用人について

　加入資格の有無，保険金額等に格差が設けられている場合であっても，それが職種，年齢，勤続年数等に応ずる合理的な基準により，普遍的に設けられた格差であると認められるときは，その者に対する給与としない（所基通36-31注書）。

(2)　被保険者の大部分が同族関係者である場合の取扱い

　役員又は使用人の全部又は大部分が同族関係者である法人については，たとえその役員又は使用人の全部を対象として保険に加入する場合であっても，その同族関係者である役員又は使用人については，その者に対する給与として取り扱う（所基通36-31注書）。

Q19 定期付養老保険

　契約者を会社,被保険者を役員とする生命保険契約の締結を考えています。定期付養老保険の契約を締結した場合の課税関係はどのようになりますか。

A

SUMMARY　法人が契約者となる定期付養老保険については,その保険契約に係る保険料の内訳(養老保険と定期保険の各部分)が区分されているか否かにより取扱いに違いが生じます。

Reference　法基通9-3-6・9-3-6の2

DETAIL

1　問題点

　法人税法における保険料の取扱いについては,保険の種類や契約内容ごと(満期保険金の有無・保険内容・被保険者別・保険金受取人別)に様々な取扱いが規定されています。したがって,法人側では,保険契約を締結する前に会計処理及び税務上の取扱い(特に被保険者が限定されている場合)について十分に検討する必要があります。

2　条文・通達

●法人税基本通達9-3-6　定期付養老保険に係る保険料

　法人が,自己を契約者とし,役員又は使用人(これらの者の親族を含む。)を被保険者とする定期付養老保険(養老保険に定期保険を付したものをいう。…)に加入してその保険料を支払った場合には,その支払った保険料の額(傷害特約等の特約に係る保険料の額を除く。)については,次に掲げる場合の区分に応

じ，それぞれ次により取り扱うものとする。
(1) 当該保険料の額が生命保険証券等において養老保険に係る保険料の額と定期保険に係る保険料の額とに区分されている場合
　それぞれの保険料の額については9－3－4又は9－3－5の例による。
(2) (1)以外の場合
　その保険料の額について9－3－4の例による。

　（注）　法基通9－3－4（養老保険に係る保険料）
　　　　法基通9－3－5（定期保険に係る保険料）

●法人税基本通達9－3－6の2　傷害特約等に係る保険料

　法人が，自己を契約者とし，役員又は使用人（これらの者の親族を含む。）を被保険者とする傷害特約等の特約を付した養老保険，定期保険又は定期付養老保険に加入し，当該特約に係る保険料を支払った場合には，その支払った保険料の額は，期間の経過に応じて損金の額に算入することができる。（省略）

3　概　　要

　養老保険は，満期（生存）保険金制度を有する保険契約であるため，税務上，保険料の額には積立部分が含まれているものとして取扱いを規定しています。したがって，定期付養老保険については，保険料額が養老保険部分と定期保険部分とに区分されているか否かにより取扱いに違いが生じてきます。

　・区分あり…各々の保険料につき，養老保険に係る保険料（法基通9－3－4）及び定期保険に係る保険料（法基通9－3－5）の取扱いを適用する。

　・区分なし…保険料の全額について養老保険に係る保険料（法基通9－3－4）の取扱いを適用する。

4　解　釈

定期付養老保険及び傷害特約等に係る保険料の法人税法上の取扱いは，以下のようになります。

①　保険料が区分されている場合

保険契約者…法人
被保険者　…役員又は使用人（これらの親族を含む）

保険金受取人		取　扱　い	
死亡保険金	満期保険金	養老保険部分	定期保険部分
法人		全額資産計上	期間の経過に応じて損金の額に算入
被保険者又はその遺族		被保険者に対する給与	期間の経過に応じて損金の額に算入。ただし，役員又は部課長その他特定の使用人（これらの親族を含む）のみを被保険者としている場合には，その者に対する給与
被保険者の遺族	法人	保険料の2分の1相当額 …資産計上 保険料の額から上記2分の1相当額を控除した金額 …期間の経過に応じて損金の額に算入する。ただし，役員又は部課長その他特定の使用人（これらの親族を含む）のみを被保険者としている場合には，その者に対する給与	

②　保険料が区分されていない場合

保険契約者…法人
被保険者　…役員又は使用人（これらの親族を含む）

保険金受取人		取　扱　い	
死亡保険金	満期保険金	養老保険部分	定期保険部分
法人		全額資産計上	
被保険者又はその遺族		被保険者に対する給与	
被保険者の遺族	法人	保険料の2分の1相当額 …資産計上 保険料の額から上記2分の1相当額を控除した金額 …期間の経過に応じて損金の額に算入する。ただし，役員又は部課長その他特定の使用人（これらの親族を含む）のみを被保険者としている場合には，その者に対する給与	

③ **傷害特約等に係る保険料について**

保険契約者…法人
被保険者　…役員又は使用人（これらの親族を含む）

特約に係る給付金の受取人	取　扱　い
法人	期間の経過に応じて損金の額に算入することができる。
被保険者の遺族	期間の経過に応じて損金の額に算入することができる。ただし，役員又は部課長その他特定の使用人（これらの親族を含む）のみを被保険者としている場合には，その者に対する給与

関連解説

　上記の取扱いは Q18 と同様に，役員又は部課長その他特定の使用人（これらの者の親族を含みます）のみを被保険者又は傷害特約等に係る給付金の受取人としている場合には，その保険料の額に相当する金額を当該役員又は使用人に対する給与として取り扱う場合もあります。

Q20 長期平準定期保険，逓増定期保険

　契約者を会社，被保険者を役員とする生命保険契約を締結しようと考えています。長期平準定期保険又は逓増定期保険の契約を締結した場合の課税関係はどのようになりますか。

A

SUMMARY 法人が契約者となる長期平準定期保険又は逓増定期保険については，各保険ごとに保険期間満了時における年齢等の条件が付けられ，かつ，その区分ごとに損金の額に算入される金額に制限が設けられています。

Reference 法人税個別通達「法人が支払う長期平準定期保険等の保険料の取扱いについて」

DETAIL

1 問題点

　長期平準定期保険等の取扱いについては，個別通達が設けられており，直近では平成20年に改正されています。個別通達では，契約年月日等により各々その取扱いを定めているため，契約時期による処理の違いが問題となります。

2 条文・通達

●法人が支払う長期平準定期保険等の保険料の取扱いについて
　（昭62直法2-2（例規），改正 平8課法2-3，平20課法2-3）

> 1 対象とする定期保険の範囲
> 　この通達に定める取扱いの対象とする定期保険は，法人が，自己を契約者とし，役員又は使用人（これらの者の親族を含む。）を被保険者として加入した定期保険（一定期間内における被保険者の死亡を保険事故とする生命保険をいい，傷

害特約等の特約の付されているものを含む。以下同じ。）のうち，次に掲げる長期平準定期保険及び逓増定期保険（以下これらを「長期平準定期保険等」という。）とする。
　(1)　長期平準定期保険（その保険期間満了の時における被保険者の年齢が70歳を超え，かつ，当該保険に加入した時における被保険者の年齢に保険期間の２倍に相当する数を加えた数が105を超えるものをいい，(2)に該当するものを除く。）
　(2)　逓増定期保険（保険期間の経過により保険金額が５倍までの範囲で増加する定期保険のうち，その保険期間満了の時における被保険者の年齢が45歳を超えるものをいう。）
　（注）（省略）
２　長期平準定期保険等に係る保険料の損金算入時期（一部省略）
　法人が長期平準定期保険等に加入してその保険料を支払った場合…には…次により取り扱うものとする。
　(1)　※次表に定める区分に応じ，それぞれ次表に定める前払期間を経過するまでの期間にあっては，各年の支払保険料の額のうち次表に定める資産計上額を前払金等として資産に計上し，残額については，一般の定期保険（法人税基本通達９-３-５の適用対象となる定期保険をいう。以下同じ。）の保険料の取扱いの例により損金の額に算入する。
　(2)　保険期間のうち前払期間を経過した後の期間にあっては，各年の支払保険料の額を一般の定期保険の保険料の取扱いの例により損金の額に算入するとともに，(1)により資産に計上した前払金等の累積額をその期間の経過に応じ取り崩して損金の額に算入する。
　（注）（省略）
　※解釈を参照

3　概　　要

　長期平準定期保険や逓増定期保険はいずれも当初に支払う保険料の大半が前払金の性格が強いため，法人税法上，損金の額に算入する金額に制限を設けています。特に逓増定期保険は，最大で４分の３の資産計上を求められるなど通常の定期保険とは大きく取扱いが異なります。

4　解　釈

　定期保険は，満期保険金がなく，かつ，支払保険料を平準化して保険期間の前半に支払われる保険料に前払保険料が含まれる生命保険商品として設計されています。そのため，過去において長期平準定期保険等が節税商品としてもてはやされ，数多くの保険契約が締結された時期がありました。

　そのような経緯から長期平準定期保険等については，個別通達が設けられ直近では平成20年に改正されています。

　個別通達に規定されている長期平準定期保険又は逓増定期保険に係る保険料の取扱いについては以下のようになります。

（1）　長期平準定期保険

区　分	前払期間	資産計上額
保険期間満了の時における被保険者の年齢が70歳を超え，かつ，当該保険に加入した時における被保険者の年齢に保険期間の2倍に相当する数を加えた数が105を超えるもの	保険期間の開始の時から当該保険期間の60％に相当する期間	支払保険料の2分の1に相当する金額

（2）　逓増定期保険

　下記の取扱いは，平成20年2月28日以後に契約した逓増定期保険の保険料について適用し，同日前の契約に係る改正前の保険料については，なお従前の例によります。

区　分	前払期間	資産計上額
①保険期間満了の時における被保険者の年齢が45歳を超えるもの（②又は③に該当するものを除く。）	保険期間の開始の時から当該保険期間の60％に相当する期間	支払保険料の2分の1に相当する金額

②保険期間満了の時における被保険者の年齢が70歳を超え，かつ，当該保険に加入した時における被保険者の年齢に保険期間の２倍に相当する数を加えた数が95を超えるもの（③に該当するものを除く。）	同　上	支払保険料の３分の２に相当する金額
③保険期間満了の時における被保険者の年齢が80歳を超え，かつ，当該保険に加入した時における被保険者の年齢に保険期間の２倍に相当する数を加えた数が120を超えるもの	同　上	支払保険料の４分の３に相当する金額

(注)　上記（１）（２）の前払期間に１年未満の端数がある場合には，その端数を切り捨てた期間を前払期間とします。

関連解説

　上記の取扱いは年齢によって判断しますが，具体的には以下のとおりとなります。

①　「保険に加入した時における被保険者の年齢」とは

　　…　保険契約証書に記載されている契約年齢をいいます。

②　「保険期間満了の時における被保険者の年齢」とは

　　…　契約年齢に保険期間の年数を加えた数に相当する年齢をいいます。

Ⅲ 福利厚生費

Q21 社葬費用の取扱い

先日亡くなった専務取締役に対し,長年の功績を称え社葬を執り行うこととしました。会社が負担する社葬費用は損金の額に算入されますか。

A

SUMMARY 法人が支出した社葬費用の取扱いについては,その社葬を執り行うことが社会通念上相当であると認められるときは,その負担金額のうち通常要すると認められる部分の金額を,その支出した事業年度の損金の額(福利厚生費)に算入することができます。

(Reference) 法基通9-7-19

DETAIL

1 問題点

法人税法上,社葬費用の損金性が認められる条件として,その支出原因が社会通念上相当であると認められることとされていますが,明確な基準はありません。また,社葬費用の範囲においても明確な基準はなく,本来遺族が負担すべき費用を除いた通常要すると認められる部分とだけ示されています。したがって,実務においては支出するに至った経緯などを基に判断する点が問題となります。

2 条文・通達

●法人税基本通達9-7-19 社葬費用

法人が,その役員又は使用人が死亡したため社葬を行い,その費用を負担し

> た場合において，その社葬を行うことが社会通念上相当と認められるときは，その負担した金額のうち社葬のために通常要すると認められる部分の金額は，その支出した日の属する事業年度の損金の額に算入することができるものとする。
> （注）　会葬者が持参した香典等を法人の収入としないで遺族の収入としたときは，これを認める。

3　概　　要

　実務上，福利厚生費はその損金性の判断が難しい経費の一つとして位置づけられており，上記の取扱いは，そのうちの社葬費用について，以下のような条件を満たしていればその損金性について問題がないとしています。
　①　法人が主として葬式を執り行っていること
　　　（形式上ではないこと…葬儀進行・費用の支払いなど）
　②　社葬を執り行うことが社会通念上相当であること
　③　社葬費用として計上した金額
　　　…遺族が負担すべき費用を除いた通常要すると認められる部分
　また，香典の取扱いについては，通常葬儀に要した費用を負担した者が収受すべきものですが，社葬を執り行った場合で香典を会社の収入とせず，弔慰金等として遺族の収入とした場合には，社会通念上の観点からその取扱いを認めるとしています。

4　解　　釈

（1）「社会通念上相当と認められる」とは

　亡くなられた方の経歴，会社・業界への貢献度，死亡原因などにより判断されることとなります。
　（例）役員の場合：創業時からの長年の功績，業界団体の役員を歴任等
　　　　使用人の場合：業務上の事故による死亡など

（2） 社葬費用の範囲について

社葬費用の範囲は，世間で一般的に考えられている葬式費用等とは異なり，本来遺族が負担すべき墓石・仏壇・位牌等の取得に要した費用，戒名料，納骨料などは含まれないこととなります。

社葬費用の例としては次のようなものが挙げられます。

- 死亡通知の新聞掲載料
- 取引先，業界関係者への通知費用
- 葬儀業者への支払い（葬儀場代，祭壇料など）
- お布施

関連解説

通夜及び告別式の取扱いについて

最近では，会葬者が多数参列されると予想されるときは，通夜及び告別式両方を会社が執り行うケースも多く見受けられます。そのような場合，社葬費用として社会通念上相当であると認められる金額は，会社の規模・会葬者の人数などを総合的に勘案して判断することになると思われます。

Q22　レクリエーション費用の取扱い

当社は中小企業者に該当する法人です。今年から定時株主総会終了後に，役員のみが参加する慰安旅行を行うこととしました。この旅行費用を全額会社で負担する予定ですが，税務上どのような問題が生じますか。

A　……………………………………………………………………………………

SUMMARY　会社が負担する慰安旅行などのレクリエーション費用については，その社内行事が社会通念上一般的に行われていると認められるものである場合に限り，参加した者が受けた経済的利益については，その者の給与等としなくて差し支えないとされています。ただし，ご質問のように役員のみを対象としている場合には役員に対する臨時的な給与（賞与）として取り扱われます。

Reference　所基通36-30

DETAIL

1　問題点

税務上，会社が福利厚生を目的として行うレクリエーション費用は，一般的に福利厚生費として損金の額に算入されます。しかし，その対象者（参加者）を限定した場合には，その者に対する給与（賞与）となるため，レクリエーションの対象者及び範囲が問題となります。

2　条文・通達

●所得税基本通達36-30　課税しない経済的利益…使用者が負担するレクリエーションの費用

使用者が役員又は使用人のレクリエーションのために社会通念上一般的に行われていると認められる会食，旅行，演芸会，運動会等の行事の費用を負担す

ることにより，これらの行事に参加した役員又は使用人が受ける経済的利益については，… <u>役員だけを対象として当該行事の費用を負担する場合を除き</u>，課税しなくて差し支えない。
(注) 上記の行事に参加しなかった者（使用者の業務の必要に基づき参加できなかった者を含む。）に支給する金銭については，給与等として課税することに留意する。

3　概　　要

　税務上，会社が福利厚生を目的として行うレクリエーション費用で社会通念上一般的に行われていると認められるものについては，福利厚生費（損金）として差し支えないとされています。しかし，実際の税務調査では，行事内容（旅行を除く）ごとに明確な判断基準がないため，課税庁側との間で見解の相違が生じるケースが少なくありません。したがって，会社側の対応として，1人当たりの費用・参加人数及び参加割合・行事内容などの詳細を記載した書類を証憑書類と一緒に保存するなどして調査対応をすることとなります。

4　解　　釈

　使用者が負担するレクリエーション費用（旅行）については，所得税個別通達において以下のように規定されています。

● 所得税基本通達36-30（課税しない経済的利益…使用者が負担するレクリエーションの費用）の運用について

　使用者が，従業員等のレクリエーションのために行う旅行の費用を負担することにより，これらの旅行に参加した従業員等が受ける経済的利益については，当該旅行の企画立案，主催者，旅行の目的・規模・行程，従業員等の参加割合・使用者及び参加従業員等の負担額及び負担割合などを総合的に勘案して実態に即した処理を行うこととするが，次のいずれの要件も満たしている場合には，原則として課税しなくて差し支えないものとする。

(1) 当該旅行に要する期間が4泊5日（目的地が海外の場合には，目的地における滞在日数による。）以内のものであること。
(2) 当該旅行に参加する従業員等の数が全従業員等（工場，支店等で行う場合には，当該工場，支店等の従業員等）の50％以上であること。

関連解説

　所得税法においては，少額の現物給与については強いて課税しないとする少額不追及の考え方が存在します。

　上記で記載した所得税基本通達及び個別通達は，そのような考え方から規定され，旅行費用については，国税庁がホームページ上（タックスアンサーNo.2603）に以下のような具体的な事例を示しています。

【事例1】
　イ　旅行期間　　　　　　　3泊4日
　ロ　費用及び負担状況　　　旅行費用15万円（内使用者負担7万円）
　ハ　参加割合　　　　　　　100％
　…　旅行期間・参加割合の要件及び少額不追及の趣旨のいずれも満たすと認められることから原則として非課税

【事例2】
　イ　旅行期間　　　　　　　4泊5日
　ロ　費用及び負担状況　　　旅行費用25万円（内使用者負担10万円）
　ハ　参加割合　　　　　　　100％
　…　旅行期間・参加割合の要件及び少額不追及の趣旨のいずれも満たすと認められることから原則として非課税

【事例3】
　イ　旅行期間　　　　　　　5泊6日
　ロ　費用及び負担状況　　　旅行費用30万円（内使用者負担15万円）
　ハ　参加割合　　　　　　　50％
　…　旅行期間が5泊6日以上のものについては，その旅行は，社会通念上一般に行われている旅行とは認められないことから課税

ただし，これらの条件を満たしている旅行であっても，次のようなものについては，それぞれに記載した処理を行うこととなります。
　(1)　役員だけで行う旅行 … 役員賞与
　(2)　取引先に対する接待等のための旅行 … 交際費
　(3)　実質的に私的旅行と認められる旅行 … 役員賞与又は給与課税
　(4)　金銭との選択が可能な旅行 … 参加不参加にかかわらず給与課税等

Ⅳ 交際費

Q23 交際費課税の特例

当社は資本金1,000万円の卸売業を営む会社です。法人税法上の中小法人の交際費の考え方と課税の特例について教えてください。

A ··

SUMMARY　交際費は，取引を円滑に行うため経営上必要とされる費用ですが，これを際限なく認めてしまうと不相当に課税所得が圧縮されてしまうこと，交際費そのものがその性質上，公私混同されやすい費用であることなどから，法人税法において課税所得の計算上，交際費の損金算入に一定の制限を設けています。なお，対象となる法人が，法人税法上の中小法人に該当する場合には，別途損金算入限度額を設ける課税の特例の適用があります。

Reference　措法61の4

DETAIL

1　問題点

法人税法上の交際費の範囲は，一般的に考えられているものより広義となっており，隣接する費用（販売促進費・支払手数料など）との区分の難しさなど，税務上の判断が煩雑となることがあります。

通達などに具体例が示されているものもありますが，実務上は個々の取引につき，実態に即した判断が必要となります。また，交際費のうち一定の要件を満たした接待飲食費については，会社の規模・金額などによって取扱いが異なるため，注意が必要です。

2　条文・通達

法人税上の交際費については，以下のように規定しています。

●租税特別措置法61条の4第1項・2項・4項　交際費等の損金不算入

1　法人が平成26年4月1日から平成32年3月31日までの間に開始する各事業年度において支出する交際費等の額のうち接待飲食費の額の100分の50に相当する金額を超える部分の金額は，当該事業年度の所得の金額の計算上，損金の額に算入しない。

2　前項の場合において，法人…のうち当該事業年度終了の日における資本金の額又は出資金の額（資本又は出資を有しない法人その他政令で定める法人にあっては，政令で定める金額）が1億円以下であるもの（…普通法人のうち当該事業年度終了の日において〔法人税〕法第66条第6項第2号又は第3号に掲げる法人に該当するものを除く。）については，次の各号に掲げる場合の区分に応じ当該各号に定める金額をもって，前項に規定する超える部分の金額とすることができる。

一　前項の交際費等の額が800万円に当該事業年度の月数を乗じてこれを12で除して計算した金額（次号において「定額控除限度額」という。）以下である場合　零

二　前項の交際費等の額が定額控除限度額を超える場合　その超える部分の金額

4　第1項に規定する交際費等とは，交際費，接待費，機密費その他の費用で，法人が，その得意先，仕入先その他事業に関係のある者等に対する接待，供応，慰安，贈答その他これらに類する行為（以下この項において「接待等」という。）のために支出するもの（次に掲げる費用のいずれかに該当するものを除く。）をいい，第1項に規定する接待飲食費とは，同項の交際費等のうち飲食その他これに類する行為のために要する費用（専ら当該法人の…役員若しくは従業員又はこれらの親族に対する接待等のために支出するものを除く。第2号において「飲食費」という。）であって，その旨につき財務省令で定めるところにより明らかにされているものをいう。

一　専ら従業員の慰安のために行われる運動会，演芸会，旅行等のために通常要する費用

二　飲食費であって，その支出する金額を基礎として政令で定めるところに

より計算した金額が政令で定める金額以下の費用
　三　前二号に掲げる費用のほか政令で定める費用

　租税特別措置法61条の4第4項2号に規定する政令で定めるところにより計算した金額は，1名当たり5,000円とされます。

3　概　　要

　法人税法上の交際費課税の特例は，一定の要件を満たした中小法人とそれ以外で取扱いに違いが生じます。以下の手順は，一定の要件を満たした中小法人の交際費等の損金不算入額を計算するものとなります。
① 法人税法上の交際費の額を確定させる
　　必ずしも損益計算書上の交際費の額＝法人税法上の交際費ではない
② 上記①の金額のうち，飲食費として支出したもので1人当たりの金額が5,000円以下のものを抜き出す
③ ①－②の金額
④ 上記③のうち，接待飲食費で一定のものの100分の50相当の金額
⑤ 上記③の金額が以下の金額のいずれかに該当する場合　いずれかの金額
　　イ　800万円×その事業年度の月数／12の金額（定額控除限度額）以下である場合　上記③で計算した金額
　　ロ　定額控除限度額を超える場合　定額控除限度額
⑥ 上記④と⑤でいずれか多い金額
⑦ 損金不算入額は①－②－⑥により計算した金額となる

4 解　釈

（1） 1名当たり5,000円以下の飲食費が交際費等の範囲から除外される要件について

　交際費等の範囲から「1人当たり5,000円以下の飲食費」を除外する要件としては，飲食その他これに類する行為（以下「飲食等」といいます）のために要する費用について次に掲げる事項を記載した書類を保存していることが必要とされます。

　イ　その飲食等のあった年月日
　ロ　その飲食等に参加した得意先，仕入先その他事業に関係のある者等の氏名又は名称及びその関係
　ハ　その飲食等に参加した者の数
　ニ　その費用の金額並びにその飲食店，料理店等の名称及びその所在地
　　（注）　店舗を有しないことその他の理由によりその名称又はその所在地が明らかでない場合は，領収書等に記載された支払先の氏名若しくは名称，住所若しくは居所又は本店若しくは主たる事務所の所在地が記載事項となります。
　ホ　その他参考となるべき事項

（2） 支出する費用に係る消費税等の額について

　飲食費が1人当たり5,000円以下であるかどうかは，その飲食費を支出した法人の適用している税抜経理方式又は税込経理方式に応じ，その適用方式により算定した金額により判定します。

　したがって，その「飲食等のために要する費用として支出する金額」に係る消費税等の額については，税込経理方式を適用している場合には当該支出する金額に含まれ，税抜経理方式を適用している場合には当該支出する金額に含まれないこととなります。

Q24　渡切交際費

　当社は，今期から社長に対し交際費の仮払いとして年間30万円を渡すこととしましたが，精算がないまま決算月を迎えようとしています。このまま交際費として処理しても問題はありませんか。

A ....

SUMMARY　未精算の仮払交際費（渡切交際費）については，原則としてその仮払いを受けた人の給与等となります。したがって，貴社の場合には，役員に対する年単位の仮払いであるため，役員賞与の扱いとなり30万円が損金不算入になるものと思われます。ただし，会社の業務のために使用すべきものとして支給され，かつ，そのために使用した事実が証明できれば，その証明された金額は損金の額に算入することができます。

Reference　法基通 9 - 2 - 9 ，法法22，所基通28- 4

DETAIL

1　問題点

　渡切交際費の取扱いについては，原則として，業務のために使用した事実が証明できず精算がなされなければ，その仮払いを受けた役員又は使用人の給与（賞与）とされます。特に中小企業の交際費は公私混同されやすい経費であるため，業務のために使用した事実が証明できるかどうかが問題点となります。

2　条文・通達

●法人税基本通達9-2-9　債務の免除による利益その他の経済的な利益

> …「債務の免除による利益その他の経済的な利益」とは，次に掲げるもののように，法人がこれらの行為をしたことにより実質的にその役員等（役員及び…特殊の関係のある使用人をいう。…）に対して給与を支給したと同様の経済的効果をもたらすもの（明らかに株主等の地位に基づいて取得したと認められるもの及び病気見舞，災害見舞等のような純然たる贈与と認められるものを除く。）をいう。
> (1)～(8)　（省略）
> (9)　役員等に対して機密費，接待費，交際費，旅費等の名義で支給したもののうち，その法人の業務のために使用したことが明らかでないもの
> (10)～(12)　（省略）

3　概　要

　法人税法22条においては，各事業年度の所得の金額の計算上損金の額に算入すべき金額は，別段の定めがあるものを除き，その事業年度の終了の日までに債務が確定するものであると規定されています。
　したがって，渡切交際費については仮払金として支払いの事実はありますが，交際費等として債務が確定していない（支払先，支払金額，場所等が確認できる証憑書類がない等）ので，交際費等として損金の額に算入できないため，原則として，その仮払いを受けた人に対する給与等として取り扱われます。

●所得税基本通達28-4　役員等に支給される交際費等

> 使用者から役員又は使用人に交際費，接待費等として支給される金品は，その支給を受ける者の給与等とする。ただし，使用者の業務のために使用すべきものとして支給されるもので，そのために使用したことの事績の明らかなものについては，課税しない。

4 解　釈

(1) 帳簿書類への記載と精算方法

上記の取扱いはいずれも最初に仮払いされる際，交際費等の名目で支出されることが求められているため，後付けで帳簿書類にその旨が記載されたような場合には，当初よりその人に対する給与（賞与）として取り扱われます。また，その旨が帳簿に記載された場合であっても，社内の一定の基準（例：1ヵ月に1回精算など）に基づき定期的に精算されていない場合も給与として取り扱われるものと思われます。

(2) 事実認定

仮払金より支出された交際費等が，法人の業務のために使用したことが明らかであるものかどうかの判定は，領収書などの証憑書類・業務報告書・役員又は使用人作成の仮払金精算書などにより判断されます。

関連解説

未精算の仮払交際費が以下のような場合に該当するときは，上記の取扱いとはせず，各々次に掲げる取扱いとなります。

(1) 使途秘匿金（措法62，措令38）

帳簿上支払いを受けた人が形式上の人物で，その金品を実際に収受した者が別に存在し，かつ，会社が相当の理由がなく相手方の氏名又は名称及び住所等を帳簿書類に記載していないものは，税務上の「使途秘匿金」とされ，使途秘匿金の額の40％相当額の法人税が別途課されます。

$$\text{納付すべき法人税額}＝\text{通常の法人税額}＋\underline{\text{使途秘匿金の支出額}\times 40\%}$$

（2） 費途不明の交際費等（法基通 9 - 7 -20）

　法人が交際費，機密費，接待費等の名義をもって支出した金銭でその費途が明らかにできないものは，損金の額に算入しないこととなります。

Q25　ゴルフ会員権の購入

　当社は，会社の接待で利用するためゴルフ会員権の購入を検討しています。その際，個人会員として社長名義で購入したいのですが，税務上何か問題はあるでしょうか。
　また，会社が今後負担する諸費用（年会費等）の取扱いについても合わせて教えてください。

A

SUMMARY　法人がゴルフ会員権を個人名義で購入した場合，原則として，その購入に要した金額相当額は，その個人に対する給与（賞与）として取り扱うこととなります。ただし，その購入が法人の業務の遂行上必要であるため等一定の条件を満たす場合には，法人の資産として処理することとなります。
　また，年会費等については，そのゴルフ会員権が法人の資産として計上されている場合には交際費とし，個人の給与とされている場合はその個人に対する給与（賞与）として取り扱います。

Reference　法基通9-7-11

DETAIL

1　問題点

　ゴルフ会員権の入会・購入に関する法人の取扱いは，入会条件（例：個人会員，法人会員（記名式，無記名式），個人限定会員など）や法人の取得の経緯などにより，その取扱いが異なります。また，その利用が業務の遂行上必要であるか（個人的な使用の有無）についても注意が必要です。

2　条文・通達

●法人税基本通達9-7-11　ゴルフクラブの入会金

> 　法人がゴルフクラブに対して支出した入会金については，次に掲げる場合に応じ，次による。
> (1)　法人会員として入会する場合
> 　入会金は資産として計上するものとする。ただし，記名式の法人会員で名義人たる特定の役員又は使用人が専ら法人の業務に関係なく利用するためこれらの者が負担すべきものであると認められるときは，当該入会金に相当する金額は，これらの者に対する給与とする。
> (2)　個人会員として入会する場合
> 　入会金は個人会員たる特定の役員又は使用人に対する給与とする。ただし，無記名式の法人会員制度がないため個人会員として入会し，その入会金を法人が資産に計上した場合において，その入会が法人の業務の遂行上必要であるため法人の負担すべきものであると認められるときは，その経理を認める。

3　概　　要

　この通達は，法人が希望するゴルフクラブの入会又は購入に際し，名義と権利が実情では一致しないケースが多いため（例：入会したいゴルフクラブが個人会員限定等の制約がある）に，その取扱いを明らかにしたものと思われます。

　また，中小企業で特に公私混同されやすいゴルフ関連支出（プレー代を除きます）についての判断基準としての性格も有しています。

4　解　　釈

(1)　ゴルフクラブの入会金の取扱い

　ゴルフクラブに入会する場合には，その会員権の形態や業務の関連性により，次のように取り扱われます。

① 法人会員の場合

原則…入会金を資産として計上する

例外…記名式の法人会員の名義人が専ら業務に関係なく利用する場合には，これらの者に対する給与

② 個人会員の場合

原則…個人会員となった者に対する給与とする

例外…そのゴルフクラブに無記名式の法人会員がなく，その入会金を資産計上し，かつ，その入会が法人の業務の遂行上必要と認められる場合，入会金の資産計上を認める

(2) ゴルフ会員権を購入する場合

　法人税基本通達9-7-11の本文においては，支出した入会金の取扱いをあげていますが，会員権売買仲介会社等を介して購入した場合も同様に取り扱われます。したがって，法人がご質問のように個人名義としてゴルフ会員権を購入し，かつ資産計上することができるケースは，以下の条件をクリアしている場合に限られることとなります。

① ゴルフクラブに無記名式の法人会員制度がない
② 法人が購入代金等を資産として会計処理している
③ （注）法人記名式　…　限定された記名人しかプレーできない
　　　　法人無記名式　…　法人の役員・使用人であればプレーが可能

関連解説

年会費その他の費用の取扱い

　法人が支出する年会費などのゴルフ関連支出の取扱いは，法人税基本通達9-7-13において以下のように規定されています。

(1) プレーに直接要した費用以外の費用（年会費，ロッカー料等）
　① 入会金が資産計上されている場合…交際費
　② 入会金が資産計上されていない場合…特定の役員又は使用人の給与
(2) プレーに直接要した費用
　入会金を資産計上しているか否かにかかわらず
　① 業務の遂行上必要である場合…交際費
　② 業務の遂行上必要でない場合…役員又は使用人に対する給与

Ⅴ　寄附金

Q26　社長の出身校に対する寄附金

当社は，社長の強い希望により母校である大学に寄附をしました。現時点において，当社は寄附先の大学とは業務上の関係はありません。当社が支出した寄附金は，税務上どのように取り扱われますか。

A

SUMMARY　個人が本来負担すべき支出（寄附金）を会社が肩代わりしている場合には，税務上，その個人に対する給与等として取り扱うこととなります。貴社の場合には，業務上関係がなく，かつ社長の個人的な希望により行われていますので，社長に対する臨時的な給与（賞与）として損金不算入になるものと思われます。

Reference　法基通9－4－2の2・9－2－9

DETAIL

1　問題点

販売費，一般管理費などの支出が会社の経費として認められるには，その支出が事業に関連していることが必要となります。寄附金は，事業との関連性が説明しにくく，かつ，中小企業者である法人においては個人的な支出と混同しやすい事例も多いことから，税務上問題になりやすいと考えられます。

2　条文・通達

●法人税基本通達9－4－2の2　個人の負担すべき寄附金

> 法人が損金として支出した寄附金で，その法人の役員等が個人として負担すべきものと認められるものは，その負担すべき者に対する給与とする。

3　概　要

　個人が負担すべき寄附金の取扱いについては，法人税基本通達9-4-2の2において個別に規定されています。これは寄附金が法人においてもともと損金性が低い性格を有する費用であり，かつ，交際費などと混同されやすいことから規定されていると思われます。

　通達においては，支出先や支出の目的からみて役員個人が負担すべきものは，臨時的な給与として取り扱うことと規定されています。なお，給与となる経済的利益の取扱いは以下のとおりとなります。

●法人税基本通達9-2-9　債務の免除による利益その他の経済的な利益

> 　…「債務の免除による利益その他の経済的な利益」とは，次に掲げるもののように，法人がこれらの行為をしたことにより実質的にその役員等…に対して給与を支給したと同様の経済的効果をもたらすもの（…病気見舞…等…を除く。）をいう。
> (1)～(9)　（省略）
> (10)　役員等のために個人的費用を負担した場合におけるその費用の額に相当する金額
> (11)～(12)　（省略）

4　解　釈

業務との関連性

　法人税法上，寄附金の損金算入限度額の範囲で損金算入が認められる寄附金は，国等への寄附金を除き，業務に関連して支出されたものとされています。

　　関連解説
1　交際費の意義

　法人税法上の交際費とは，租税特別措置法において以下のように規定されて

います。

● 租税特別措置法61条の4第4項

> …交際費等とは，交際費，接待費，機密費その他の費用で，法人が，その得意先，仕入先その他事業に関係のある者等に対する接待，供応，慰安，贈答その他これらに類する行為…のために支出するもの〔で一定のもの〕をいう。

2　学校法人に対する寄附

　法人が学校法人に対して寄附金の支出をした場合には，「公益法人等」に対する寄附金として法人税法の規定を適用します。ただし，その支出が個人の負担すべきものであるときは，その個人に対する給与として取り扱います。

● 法人税法37条3項　寄附金の損金不算入

> …寄附金の額のうちに次の各号に掲げる寄附金の額があるときは，当該各号に掲げる寄附金の額の合計額は，〔寄附金の損金不算入の対象となる〕寄附金の額の合計額に算入しない。
> 一　国又は地方公共団体…に対する寄附金…の額
> 二　公益社団法人，公益財団法人その他公益を目的とする事業を行う法人又は団体に対する寄附金…のうち，次に掲げる要件を満たすと認められるものとして政令で定めるところにより財務大臣が指定したものの額
> 　イ　広く一般に募集されること。
> 　ロ　教育又は科学の振興，文化の向上，社会福祉への貢献その他公益の増進に寄与するための支出で緊急を要するものに充てられることが確実であること。

※法人税法別表第2「公益法人等の表」　参照。

Q27 債務免除

中小企業者である当社（以下「A社」とします）は法人税法上の同族会社に該当します（ただし，発行済株式の5％は同族関係者以外の者が所有しています）。今期中に，当社が発行済株式の20％を有する別会社（以下「B社」とします）に対する債権を一部免除することとしました。この場合の課税関係について教えてください。

A

SUMMARY 法人税法上，債務免除（貸倒損失）の損金性が認められるときは，法的整理等があった時などでやむなく実行する場合に限られます。したがって，そのような条件を満たしていなければ，A社はただ単にB社に対し債務免除相当額の寄附をしたものとして取り扱われ，その金額を基に寄附金の損金算入限度額を計算し，課税所得を計算することとなります。また，B社においては，免除を受けた金額相当額の受贈益を計上し，課税所得を計算することとなります。

Reference 法法37，法基通9-6-1～9-6-3

DETAIL

1 問題点

平成22年度税制改正の「グループ法人課税」創設に伴い，寄附金の取扱いについて一部改正がありました。従前は会社間の関係と免除に至る経緯を確認することにより税務上の取扱いを確認することができましたが，今後は各社の株主構成の確認も必要となります。詳細については**Q62**を参照してください。

2　条文・通達

●法人税法37条7項・8項　法人税法上の寄附金の意義

> 7　前各項に規定する寄附金の額は、寄附金、拠出金、見舞金その他いずれの名義をもってするかを問わず、内国法人が金銭その他の資産又は経済的な利益の贈与又は無償の供与（広告宣伝及び見本品の費用その他これらに類する費用並びに交際費、接待費及び福利厚生費とされるべきものを除く。次項において同じ。）をした場合における当該金銭の額若しくは金銭以外の資産のその贈与の時における価額又は当該経済的な利益のその供与の時における価額によるものとする。
> 8　内国法人が資産の譲渡又は経済的な利益の供与をした場合において、その譲渡又は供与の対価の額が当該資産のその譲渡の時における価額又は当該経済的な利益のその供与の時における価額に比して低いときは、当該対価の額と当該価額との差額のうち実質的に贈与又は無償の供与をしたと認められる金額は、前項の寄附金の額に含まれるものとする。

●法人税基本通達9-6-1　金銭債権の全部又は一部の切捨てをした場合の貸倒れ

> 　法人の有する金銭債権について次に掲げる事実が生じた場合には、その金銭債権の額のうち次に掲げる金額は、その事実の発生した日の属する事業年度において貸倒れとして損金の額に算入する。
> (1)　更生計画認可の決定等があった場合
> 　…　決定により切り捨てられることとなった部分の金額
> (2)　特別清算に係る協定の認可の決定があった場合
> 　…　決定により切り捨てられることとなった部分の金額
> (3)　法令の整理手続によらない関係者の協議決定
> 　・債権者集会の協議決定等
> 　…　合理的な基準により債務者の負債整理を定めているもの
> 　・行政機関又は金融機関等による当事者間の協議
> 　…　協議により締結された契約でその内容が上記に準ずるもの
> (4)　債務者の債務超過の状態が相当期間継続し、その金銭債権の弁済を受けることができないと認められる場合
> 　…　その債務者に対し書面により明らかにされた債務免除額
>
> 　　　　　　　　　　　　　　　　　　　　　　　　　※著者一部修正

● 法人税基本通達 9 - 6 - 2 　回収不能の金銭債権の貸倒れ

　　法人の有する金銭債権につき，その債務者の資産状況，支払能力等からみてその全額が回収できないことが明らかになった場合には，その明らかになった事業年度において貸倒れとして損金経理をすることができる。この場合において，当該金銭債権について担保物があるときは，その担保物を処分した後でなければ貸倒れとして損金経理をすることはできないものとする。
(注)　保証債務は，現実にこれを履行した後でなければ貸倒れの対象にすることはできないことに留意する。

● 法人税基本通達 9 - 6 - 3 　一定期間取引停止後弁済がない場合等の貸倒れ

　　債務者について次に掲げる事実が発生した場合には，その債務者に対して有する売掛債権（売掛金，未収請負金その他これらに準ずる債権をいい，貸付金その他これに準ずる債権を含まない。以下 9 - 6 - 3 において同じ。）について法人が当該売掛債権の額から備忘価額を控除した残額を貸倒れとして損金経理したときは，これを認める。
(1)　債務者との取引を停止した時（最後の弁済期又は最後の弁済の時が当該停止をした時以後である場合には，これらのうち最も遅い時）以後 1 年以上経過した場合（当該売掛債権について担保物のある場合を除く。）
(2)　法人が同一地域の債務者について有する当該売掛債権の総額がその取立てのために要する旅費その他の費用に満たない場合において，当該債務者に対し支払を督促したにもかかわらず弁済がないとき

3　概　　要

(1)　回収不能の金銭債権

　法人税基本通達 9 - 6 - 2 における「債務者の資産状況，支払能力等からみてその全額が回収できないことが明らかになった場合」とは，次のような場合が該当すると考えられます。
　①　破産，整理，死亡，行方不明，債務超過，その他外部要因による事象により回収の見込みがたたない場合

② 資産はあるがすべて差押え又は抵当権が設定されているなどの資産状況から判断して回収の見込みがたたない場合

（2） 一定期間取引停止後弁済がない場合等の例
① 取引を停止した後1年以上経過した場合

貸倒損失額
　20万円－1円（備忘価額）＝199,999円

② 「売掛債権の総額　＜　取立てに要する費用の総額」の場合

取立てに要する費用（往復旅費＋宿泊代＋今までの通信費）5万円
売掛金　3万円　＜　取立て費用　5万円　なので
貸倒損失額
　3万円－1円（備忘価額）＝29,999円
（注）　上記①，②いずれも「消費税免税事業者・担保物なしの場合」とします。

4　解　釈

　法人の課税所得を計算するうえで，損失が損金の額に算入される条件としてはその事業年度の終了の日までに損失が確定していることが求められます。貸

倒損失の場合，法的整理の場合を除き計上時期の判定が難しく，指針がなければそこに法人の恣意的判断が介入し，課税上の公平性が保たれなくなります。これらのことから法人税法においては先に掲げた通達により規定しています。

関連解説

書面による債務免除

　内容証明郵便などの書面による債務免除（債権放棄）は，その書面に記載された免除額が貸倒損失額となります。しかし，これは債務者が債務超過となっていることを前提として認められるものであるため，債務超過（事実上の債権回収不能）でなければ単に寄附を行ったものとされます。

　したがって，債務免除をする際には，少なくとも直近の債務者の状態を確認しなければなりません。

Q28　子会社の整理

事業の継続が難しい子会社を整理するため，当社においてその子会社の債務引受けを考えております。債務引受けをした場合の税務上の取扱いについて教えてください。

A ....

SUMMARY　子会社等の整理に伴い子会社等が支払うべき債務の引受け等を行った場合には，その引受け等をすることについて相当の理由があると認められるときは，その引き受けた損失負担額に相当する経済的利益の額は，寄附金の額に該当しないものとして取り扱われます。また，子会社等においては，債務引受けが行われたことにより享受した利益相当額（債務免除益）は，課税所得を構成することとなります。

Reference　法基通9-4-1

DETAIL

1　問題点

親会社等が子会社等の債務引受け等を行った場合，その行為がいくら営業上必要な行為であっても「相当な理由」があると認められない限り，法人税法上の寄附行為とされます。税務上の課税の公平性の判断をするうえでこの「相当な理由」の位置づけが重要となってきます。

2　条文・通達

●法人税基本通達9-4-1　子会社等を整理する場合の損失負担等

　法人がその子会社等の解散，経営権の譲渡等に伴い当該子会社等のために債務の引受けその他の損失負担又は債権放棄等（以下…「損失負担等」という。）

> をした場合において，その損失負担等をしなければ今後より大きな損失を蒙ることになることが社会通念上明らかであると認められるためやむを得ずその損失負担等をするに至った等そのことについて相当な理由があると認められるときは，その損失負担等により供与する経済的利益の額は，寄附金の額に該当しないものとする。
> （注）　子会社等には，当該法人と資本関係を有する者のほか，取引関係，人的関係，資金関係等において事業関連性を有する者が含まれる…。

3　概　　要

(1)　基本的な考え方

　本来法人は，営利を目的として事業を行うことを前提に経済活動をしているので，通常の場合では起こり得ない損失負担等については，法人税法上，原則として寄附金として取り扱われます。しかし，法人の経営の合理化に伴う子会社等の解散等において，債権者等を配慮しないで事を進めた場合に，今後より大きな損失を蒙ることが予想されれば，親会社等が損失を負担せざるを得ないと思われます。そのような場合に親会社等の側で税務上の寄附金とされてしまうと計画に支障が生じることも考えられるため，上記のような通達が規定されたものと考えられます。

(2)　子会社等とは

　上記通達における子会社等とは，「当該法人と資本関係を有する者のほか，取引関係，人的関係，資金関係等において事業関連性を有する者が含まれる」とされていますので，単に資本関係がないことのみをもって「子会社等」に該当しないとするものではありません。

　　　（例）　支援者：メーカー　→　支援先：特約店・販売会社

(3)　支援者の範囲について

　支援者の範囲は，通常では事業関連性の強弱，支援規模，支援能力等の個別

事情などを考慮して当事者間の合意により決定されます。その決定により特定の者だけが支援するケースも考えられますが，以下のような事情がある場合には，たとえ関係者全員が支援しない場合であっても，合理的な整理計画であると考えられています。

(例)
- 資本の大部分を有している
- 系列の会社で子会社等の商号にグループの冠がついている
- 役員の大部分を派遣している
- 借入金の大部分を支援者が融資している

(4) 子会社等を整理する場合の損失負担の経済合理性

経済合理性を有しているか否かは，次のような点について，総合的に検討することとなります。

- 損失負担を受ける者は「子会社等」に該当するか
- 「子会社等」は経営危機に陥っているか（倒産の危機にあるか）
- 損失負担を行うことは相当か（支援者にとっての相当な理由）
- 損失負担の額（支援額）は合理的であるか（過剰支援は×）
- 整理管理はなされているか
- 損失負担をする支援者の範囲は相当であるか
  （特定の債権者が意図的に加わっていないなど恣意性がないか）
- 損失負担の割合は合理的であるか
  （特定の債権者だけが不当に負担を重くし又は免れていないか）

(5) 損失負担額の合理性について

損失負担額が合理的に算定されているか否かは，次のような点から検討することとなります。

① 損失負担額が，子会社等を整理するための必要最低限の金額とされているか

② 子会社等の財務内容等を加味したものとなっているか

（6） 損失負担割合の合理性について

　支援者が複数いる場合の損失負担割合の合理性については，一般的に支援者の出資状況，経営参加，融資状況等の事業関連性や支援体力からみて合理的に決定されているか否かを検討することとなります。合理性が認められるケースとしては，次のようなものが考えられます。

① 融資残高比率に応じた割合による場合
② 損失負担総額を，出資状況，融資残高比率及び役員派遣割合等の事業関連性を総合的に勘案し，各支援者に配分する場合
③ メインとなる支援者（出資責任，融資責任，経営責任等がある者）が，その責任に応じたできる限りの支援を行い，他の支援者については，融資残高等の事業関連性を総合的に勘案し，責任を求めるといった場合
④ 親会社としては，優先的に大部分の損失負担をし，経営責任を果たさなければ一般の取引先の同意が得られず，再建計画が成立しないため，やむを得ず損失負担して，再建を果たそうとする場合

4　解　釈

　上記の「相当な理由」は，子会社等の財務内容，支援者の事情等などの様々な事情を勘案して税務上判断されるため，納税者側のみの判断だけでは限界があります。そのようなことから課税庁側においては「再建支援等事案に係る事前相談」の相談窓口[※]を設けてその行為による損失負担等の額が寄附金に該当するか否かを検討する機会を設けています。

※各国税局の審理課（審理官），沖縄国税事務所の法人課税課等

> 関連解説

子会社等側の処理

上記のとおり，子会社等が享受した利益相当額はその享受をした日の属する事業年度の収益の額となりますが，平成22年度税制改正により清算所得課税制度が廃止されたことに伴い，解散の決定等がいつ行われたかにより清算事業年度の申告方法に違いが生じてきます。

① 平成22年9月30日までに解散の決定等が行われた場合
　清算中に生じた各事業年度の所得については法人税を課さない。
　→従前の清算所得金額…残余財産価額－解散時の資本金等の額等
　　※財産法の考え方　期末資本－期首資本＝純損益

② 平成22年10月1日以後に解散の決定等が行われた場合
　通常の事業年度と同じように各事業年度の所得金額を計算する。

Q29 子会社に対する無利息貸付け

当社の子会社（当社の株式保有割合80％，以下「Ａ社」）は，売掛債権の貸倒れが発生したことにより資金繰りが厳しい状況になっています。Ａ社は当社にとって営業上重要な会社であるため，再建を支援するために無利息の貸付けを検討しております。

この場合，当社はＡ社に対して経済的利益（貸付利息相当）を供与したものとして法人税法上の寄附金の扱いを受けるのでしょうか。

A

SUMMARY　子会社の倒産を防止するため等の理由により，金銭の無償若しくは通常の利率よりも低い利率で貸付けを行った場合等の取扱いは，その行為に「相当な理由」があり，かつ，「合理的な再建計画に基づき行われた」等一定の要件を満たす場合には，その行為により発生した経済的利益の額は，寄附金の額に該当しないものとして取り扱われます。

Reference　法基通9－4－2

DETAIL

1　問 題 点

子会社の再建を目的に行った無利息又は低利な貸付けに係る利息相当額が寄附金に該当しないためには，「合理的な再建計画に基づき行われた」ものでなければならないとされています。この「合理的な再建計画」については計画遂行上及び税務面においても判断が難しいため注意が必要となります。

2　条文・通達

●法人税基本通達9-4-2　子会社等を再建する場合の無利息貸付け等

> 法人がその子会社等に対して金銭の無償若しくは通常の利率よりも低い利率での貸付け又は債権放棄等（以下…「無利息貸付け等」という。）をした場合において、その無利息貸付け等が例えば業績不振の子会社等の倒産を防止するためにやむを得ず行われるもので合理的な再建計画に基づくものである等その無利息貸付け等をしたことについて相当な理由があると認められるときは、その無利息貸付け等により供与する経済的利益の額は、寄附金の額に該当しないものとする。
> （注）　合理的な再建計画かどうかについては、支援額の合理性、支援者による再建管理の有無、支援者の範囲の相当性及び支援割合の合理性等について、個々の事例に応じ、総合的に判断するのであるが、例えば、利害の対立する複数の支援者の合意により策定されたものと認められる再建計画は、原則として、合理的なものと取り扱う。

3　概　　要

(1)　基本的な考え方

　本来法人は、営利を目的として事業を行うことを前提に経済活動をしているので、通常の場合では起こり得ない無償又は著しく低い利率による貸付けから発生する経済的利益の供与額については、法人税法上、原則として寄附金の額として取り扱われます。上記通達においては、子会社等を金銭面で支援するなどの経済的利益を供与することについて、経済合理性が存する場合にはその経済的利益の額は寄附金に該当しないとしています。

　これは、経済的利益を供与する側からみて、再建支援等をしなければ今後より大きな損失を蒙る（大手取引先の口座消滅など）ことが明らかな場合等に、支援者側で寄附金とされてしまうと再建計画に支障が生じることも考えられるため、上記のような通達が規定されたものと考えられます。

(2) 子会社等とは

　上記通達における子会社等とは，「当該法人と資本関係を有する者のほか，取引関係，人的関係，資金関係等において事業関連性を有する者が含まれる」とされておりますので，単に資本関係がないことのみをもって「子会社等」に該当しないとするものではありません（法基通9-4-1）。

　（例）　支援者：メーカー　→　支援先：特約店・販売会社

(3) 支援者の範囲について

　支援者の範囲は，事業関連性の強弱，支援規模，支援能力等の個別事情などを考慮して当事者間の合意により決定されます。場合によってはその決定により特定の者だけが支援するケースも考えられますが，以下のような事情がある場合には，たとえ関係者全員が支援しない場合であっても，合理的な再建計画であると考えられています。

　（例）
- 資本の大部分を有している
- 系列の会社で子会社等の商号にグループの冠がついている
- 役員の大部分を派遣している
- 借入金の大部分を支援者が融資している

(4) 子会社等を再建する場合の無利息貸付け等の経済合理性

　経済合理性を有しているか否かは，次のような点について，総合的に検討することとなります。

- 支援を受ける者は「子会社等」に該当するか
- 「子会社等」は経営危機に陥っているか（倒産の危機にあるか）
- 無利息貸付け等を行うことは相当か（支援者にとっての相当な理由）
- 無利息貸付け等の額（支援額）は合理的であるか（過剰支援は×）
- 再建管理はなされているか
  （その後の状況に応じて支援額を見直すこととされているか）
- 無利息貸付け等をする支援者の範囲は相当であるか

（特定の債権者が意図的に加わっていないなど恣意性がないか）
- 支援額の割合は合理的であるか
（特定の債権者だけが不当に負担を重くし又は免れていないか）

4　解　釈

　子会社等を再建する方法は，実務上では様々な手法が存在します。上記通達においては，無償又は低利な貸付け及び債権放棄等の場合の考え方について規定されていますが，同様な効果を期待して行った資産の低額譲渡などの経済的利益の付与については，影響額が大きいため同様の扱いをしていいか判断が難しいと思われます。したがって，課税庁側においては，各国税局の審理課等(注)に相談窓口を設けて「債権支援等事案に係る事前相談」を行うことにより，再建支援者が行う損失負担額等が寄附金に該当するか否かを検討する機会を設けています。

　（注）　各国税局の審理課（審理官），沖縄国税事務所の法人課税課等

関連解説

1　支援額の合理性について
　支援額が合理的に算定されているか否かは，次のような点から検討することとなります。
①　支援額が，子会社等の経営危機を回避し再建するための必要最低限の金額とされているか
②　子会社等の財務内容，営業状況の見通し等及び自己努力を加味したものとなっているか

2　支援割合の合理性について
　支援者が複数いる場合の支援割合の合理性については，一般的に支援者の出資状況，経営参加，融資状況等の事業関連性や支援体力からみて合理的に決定

されているか否かを検討することとなります。合理性が認められるケースとしては，次のようなものが考えられます。
① 融資残高比率に応じた割合による場合
② 支援総額を，出資状況，融資残高比率及び役員派遣割合等の事業関連性を総合的に勘案し，各支援者に配分する場合
③ メインとなる支援者（出資責任，融資責任，経営責任等がある者）が，その責任に応じたできる限りの支援を行い，他の支援者については，融資残高等の事業関連性を総合的に勘案し，責任を求めるといった場合
④ 親会社としては，優先的に大部分の損失負担をし，経営責任を果たさなければ一般の取引先の同意が得られず，再建計画が成立しないため，やむを得ず損失負担して，再建を果たそうとする場合

3 「利害の対立する複数の支援者の合意」の意味

利害の対立する複数の支援者の合意により策定されたものと認められる再建計画は，原則として，合理的なものと取り扱うこととなります。これは，それぞれの支援者が経済合理性に基づいて判断していることから相互に牽制効果が働くこととなり，同族・グループ法人間でなされがちな恣意的な利益操作が行われる可能性が少ないと考えられることからそのように取り扱うこととされています。

Ⅵ 受取家賃

Q30 役員社宅の家賃の設定

当社では所有している土地に，新たに役員の社宅として建物を建築することを計画しています。しかし役員社宅については，役員から支払いを受ける家賃の設定が適正でないと，役員に対する給与になると聞いています。

家賃をどのように設定すれば給与として課税されずに済みますか。

A ....

SUMMARY　役員が会社の所有物である建物を社宅として専属的に利用する場合において，通常支払うべき家賃の金額を賃貸料として支払いを受けている場合には，その役員に対する給与としての課税はありません。

Reference　所基通36-40・36-41・36-42，所令84の2

DETAIL

1 問題点

ご質問のケースでは，社宅を借りている役員が，その社宅家賃について，通常支払うべき使用料（家賃）の計算をどのように行うかが問題点となります。

2 条文・通達

社宅家賃の計算については，所得税基本通達36-40（役員に貸与した住宅等に係る通常の賃貸料の額の計算），同通達36-41（小規模住宅等に係る通常の賃貸料の額の計算）において，計算式等の取扱いが定められています。

3　概　　要

(1)　通常の家賃の計算について（所基通36-40）

　法人が役員に貸与した住宅に係る通常の賃貸料の額（月額）は，下記の算式により計算します。

　法人が，他の者から借り受けて役員に貸与した住宅で，法人が他の者に支払う賃借料の額の50％相当額が，上記の算式により計算した金額を超える場合には，他の者に支払う賃借料の額の50％相当額となります。

(2)　小規模住宅等に係る賃貸料の計算について（所基通36-41）

　法人が役員に貸与した住宅について，その家屋の床面積が132㎡以下（木造以外の家屋については99㎡以下）である場合には，賃貸料の額（月額）は上記(1)（通常の家賃の計算）によらず，下記の算式により計算します。

$$\text{その年度の家屋の固定資産税の課税標準額} \times 0.2\% + 12円 \times \frac{\text{家屋の総床面積(㎡)}}{3.3㎡} + \text{その年度の敷地の固定資産税の課税標準額} \times 0.22\%$$

4　解　　釈

　会社の所有物である建物を中小企業者の役員に貸し付け，社宅として専属的に利用する場合に，家賃等通常支払うべき使用料を支払わない場合には，通常

支払うべき使用料（家賃）相当額が経済的利益として給与認定されます。

　また役員が会社に支払った家賃が，通常支払うべき家賃に満たない場合には，その満たない金額相当額が経済的利益として給与認定されます。

　これは所得税法施行令84条の２において，「法人又は個人の事業の用に供する資産を専属的に利用することにより個人が受ける経済的利益の額は，その資産の利用につき通常支払うべき使用料その他その利用の対価に相当する額（その利用者がその利用の対価として支出する金額があるときは，これを控除した額）とする。」との規定があるからです。

関連解説

1　豪華な社宅に関する取扱い（「使用者が役員に貸与した住宅等に係る通常の賃貸料の額の計算に当たっての取扱いについて」，平成７年４月３日，課法８－１，課所４－４）

　法人が役員に貸与する住宅について，その家屋の床面積が240㎡を超えるものについては，その住宅の取得価額，支払賃貸料の額，内外装その他の設備の状況等を総合的に勘案して，社会通念上一般的に貸与されているものかどうかを判定することになります。

　この場合，社会通念上一般的に貸与される住宅と認められない場合（豪華役員社宅に該当する場合）には，前記３（１）（２）の適用はされず，原則的な考え方である「その資産の利用につき通常支払うべき使用料その他その利用の対価に相当する額（所令84の２）」を算定して，賃貸料を計算することになります。したがって，その建物の賃貸料相場を検討して，定めることになります。

　また，貸与する住宅について，その家屋の床面積が240㎡以下の住宅であっても，下記のような設備又は施設が設置されている家屋については，上記の豪華役員社宅に該当するものとして取り扱われます。

- プール等のような設備
- 役員個人の嗜好等を著しく反映した設備又は施設

　なお，貸与する住宅について，その家屋の床面積が240㎡を超えていること

のみをもって，豪華役員社宅と認めるものではなく，設置されている設備等を総合勘案して，判断することになります。

2　賃貸料の改訂について（所基通36-42(2)）

　法人が役員に貸与する住宅について，固定資産税の課税標準額が改訂された場合には，その改訂後の課税標準額に係る固定資産税の第1期の納期限の属する月の翌月から，改訂された課税標準額に基づき計算された賃貸料に改訂することになります。

Q31　役員社宅に業務上使用する部分がある場合

　当社で所有している役員の社宅（一棟の建物）には，役員として法人の業務上使用できる部屋（事務室兼応接室）が備えられています。
　この場合，役員から受け取る家賃は，どのように計算すればよいのでしょうか。

A

SUMMARY　役員社宅の実際に使用している状況を考慮して賃貸料を定めることになりますが，簡便的な方法を選択するならば，通常の賃貸料の70％相当額を算定し，役員から家賃として受け取ることになります。

Reference　所基通36-43

DETAIL

1　問題点

　中小企業者の役員社宅については，役員個人の生活の場所だけではなく，得意先等を招き入れるゲストルームが設けられている場合や，社宅の中で会議ができる部屋が備えられている場合もあります。このような公的に利用する部分も含めて賃貸料を計算し，すべてを役員の負担とすることは，個人の生活の場としてのみ使用している他の役員の負担と均衡を失することになります。
　そこで，このような公的な使用に充てられる部分がある社宅の家賃については，どのように算定すればよいかが問題となります。

2　条文・通達

●所得税基本通達36-43　通常の賃貸料の額の計算の特例

〔所基通〕36-40又は36-41により通常の賃貸料の額を計算する場合において，

> その住宅等が次に掲げるものに該当するときは，その使用の状況を考慮して通常の賃貸料の額を定めるものとする。
> 　この場合において，使用者が当該住宅等につきそれぞれの次に掲げる金額をその賃貸料の額として徴収しているときは，その徴収している金額を当該住宅等に係る通常の賃貸料の額として差し支えない。
> (1)　公的使用に充てられる部分がある住宅等　36-40又は36-41により計算した通常の賃貸料の額の70％以上に相当する金額
> (2)　（省略）

3　概　　要

　役員に貸与した社宅の一部に，会社の業務上使用する部分（公的に使用する部分）が含まれている場合において，その役員から徴収する社宅の賃貸料については，原則は，その使用の状況を考慮して通常の賃貸料の額を定めることになります。

　しかし実務上の手数を省略する目的で，簡便的に一定の算式（所基通36-40・36-41）により計算された通常の賃貸料の額の70％以上に相当する金額を，役員が通常支払うべき家賃の額として差し支えない取扱いとなっています。

4　解　　釈

公的に使用する事実について

　役員社宅の一部が会社の公的使用に充てられている場合に，役員から徴収する賃貸料の額は，上記の取扱いのとおりですが，この場合会社の公的使用の状況及びその必要性がポイントになります。

　この公的使用の事実について問われた裁判があり，その事実を納税者が立証できず，納税者の主張が退けられています。

> **判例**
>
> (東京地裁平成19年4月11日判決（一部），TAINS Z257-10685)
> 　原告が指摘する基本通達36-43は，役員に貸与した住宅については，一般的に，当該役員の個人的な生活の場というだけではなく，会合，打ち合わせなど会社の業務のために使用されることも少なくないと考えられるところ，このような場合，当該社宅に係る経済的利益を全て役員の負担とすることは均衡を失するとの配慮に基づき，賃貸料の算定に当たって当該使用状況を斟酌するものとし，基本通達36-40に対する特例的取扱いを設けたものと解される。
> 　そうすると，基本通達36-43による取り扱いを受けるためには，役員の業務の内容や，当該社宅の実際の使用状況に照らし，賃貸料の全部を当該役員の経済的利益とすることが均衡を失することを首肯するに足りる事情が明らかにされる必要があるというべきである。
> 　この観点から，前述した原告の主張・立証を検討すると，原告作成の物件見取図には，執務室の公的状況を明らかにするとして，本件社宅3階の一部を「執務室」として，執務机，電話，パソコン，ファイリングキャビネット，ファクシミリ及びコピー機を設置していた旨の記載があるが，実際に原告がこれらの機器を設置し，使用していたことを裏付ける客観的な資料は何ら提出されていないから，上記見取図の記載をそのまま受け取ってよいかどうかには疑問があるといわざるを得ない。また，上記見取図には，本件社宅2階の「リビング」は，原告が接待や会議等に使用していた旨の記載もあるが，この点も，上記記載以上にその具体的内容を明らかにする証拠は提出されていないから，その詳細は不明というべきである。
> 　のみならず，原告は，時差のある米国との仕事に対応する必要があった旨主張するが，原告の陳述書によっても，原告が就業時間外に対応する必要のあったとする業務の具体的内容はもとより，何故に会社の事務所で対応することができなかったのか，同社の代表取締役であった原告が自ら対応する必要のある業務であったのかなど，原告の主張を裏付けると思われる事情については何ら明らかにされていない。
> 　そうすると，本件全証拠を総合しても，本件社宅に原告の公的使用部分があったと認めるに足りないといわざるを得ないから，原告が指摘する基本通達36-43は，その適用の前提を欠くというべきであって，原告の主張は理由がない。

この判決によると，「使用していたことを裏付ける客観的な資料」，「接待や会議等に使用していた具体的内容を明らかにする証拠」，「社宅の中の公的部分の必要性」等が問われ，納税者側がそれぞれを明らかにするために説明（証拠や資料の提示）が必要になっています。

　したがって，役員社宅の一部を公的に使用している場合には，上記の事実関係が説明できる資料等の準備が必要です。

関連解説

1　通常の賃貸料の額の70％に満たない額しか徴収していない場合について

　中小企業者の役員に貸している社宅について，その一部が会社の公的使用に充てられる部分がある場合には，上記「条文・通達」に示す取扱いにより，「通常の賃貸料の額の70％以上」を家賃として徴収していれば，役員に給与となる経済的利益を与えたことにはなりません。

　しかし，その「通常の賃貸料の額の70％以上」を家賃として徴収していなければ，原則に戻って「その使用の状況を考慮して通常の賃貸料の額を定める」ことになります。

　この70％の割合は，便宜上画一的に設けられた割合ですので，実際に公的使用に充てられている場所が，建物全体の30％を超える場合には，実際の公的使用に充てられている場所の床面積等を考慮して，原則的な計算をするほうが適切であるといえるでしょう。

2　通常の賃貸料の額について

　上記の取扱い等で示されている「通常の賃貸料の額」とは，Q30に示されている「通常の家賃の計算」，「小規模住宅等に係る賃貸料の計算」で算定された賃貸料の額をいいます。

Ⅶ 罰科金等

Q32 役員に課された交通反則金

当社は繊維の卸売りを営む中小法人です。このたび当社の役員が，自動車で取引先に繊維を配達中，駐車違反で交通反則金が課されました。業務の遂行上課された反則金ですので，当社が負担する予定です。
当社が負担した交通反則金については，損金になるのでしょうか。

A

SUMMARY　役員や使用人に課された罰金，科料，過料（罰科金等）を法人が負担しても，損金の額には算入されません。交通反則金も罰科金等に該当しますので，損金算入が認められない支出となります。

ご質問の場合，業務中の行為に対して課された交通反則金に該当しますので，役員に対する給与ではありませんが，損金不算入となります。

Reference　法法55④，法基通9-5-8

DETAIL

1　問題点

業務の遂行に関連して支出した費用であるのに，損金にならないのはなぜか，また役員に対する給与となる場合，その給与は定期的な給与か，臨時的な給与かが問題となります。

2　条文・通達

法人税法55条に「不正行為等に係る費用等の損金不算入」の規定があり，その4項で「法人が納付する罰金及び科料並びに過料は，その法人の各事業年度

の所得の金額の計算上，損金の額に算入しない。」旨が定められています。

　また法人税基本通達９－５－８において，この罰科金等が課された行為が，業務の遂行に関連しない行為である場合には，その罰科金等が課された役員又は使用人の給与となる取扱いを示しています。

３　概　　要

（１）　役員又は使用人の給与とならない罰科金等について

　役員又は使用人に課された罰科金等で，法人が負担したものについて，役員又は使用人の給与とならない場合とは，「法人の業務の遂行に関連してされた行為等に対して課されたものである」場合です。

　業務遂行上の行為である場合には，一般的に法人の仕事に関連する行為であり，その仕事を行った法人自体に課された罰科金等と同様の性質のものと考えられるためです。

（２）　役員又は使用人の給与となる罰科金等について

　役員又は使用人に課された罰科金等で，法人が負担したものについて，役員又は使用人の給与となる場合とは，上記（１）とは逆で「法人の業務の遂行に関連しない行為等に対して課されたものである」場合です。

　この罰科金等は，本来役員又は使用人が負担すべき罰科金等であり，法人が負担する理由が無いものです。そのような罰科金等を法人が負担した場合には，本来負担すべき役員又は使用人に対して資金を援助したことになるため，役員又は使用人に対して給与を支給した取扱いとなります。

　この場合，使用人である者に対して給与として取り扱われる場合については，その給与は臨時的な給与となりますが，法人では損金となります。しかしその給与部分は使用人本人に対して税金が課税されることになります。

　また，役員である者に対して給与として取り扱われる場合には，やはりその役員に対して臨時的な給与を支給したことになり，支出した法人のその支出額

は，役員賞与となり損金不算入となります。当然役員個人については，賞与と認識された給与部分は，税金の対象となります。

4 解　釈

罰科金等は，まさに罰として与えられたものです。しかしこの罰も，事業遂行上避けられなかった場合もあり得ますので，損金であるとの考え方もあります。ただし，その罰科金等を法人税法上損金の額に算入すると，その分税金が軽減され，罰として課した効果を減らしてしまうことになります。

そのため，罰の効果を生かす政策上の理由から，損金不算入とされています。

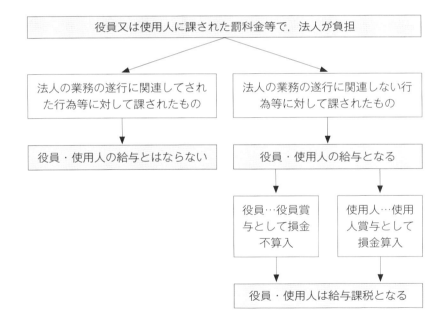

関連解説

交通反則金の取扱いについて

　役員又は使用人に課された罰科金等を法人が負担した場合の取扱いは，以上のとおりですが，この罰科金等には交通反則金も含まれます。

　これは，法人税基本通達9-5-8において罰科金等を，「罰金若しくは科料，過料又は交通反則金」と説明しており，交通反則金についても含めて取扱いを説明しているからです。

第2章 項目別に見た実務上の注意点　147

Q33　役員がおこした事故にかかる損害賠償金

　当社の役員が，得意先からの帰りに交通事故をおこし，事故の相手方に損害賠償金を支払うことになりました。この事故は，役員に故意又は重過失はないものと判断されます。そこで業務中の事故であることを考慮して，交通事故にかかる損害賠償金を法人が負担することにしました。
　この場合の法人が負担した損害賠償金は，損金の額に算入できるのでしょうか。

A ....

SUMMARY　損害賠償金の対象となった行為が，業務の遂行に関連するものであり，かつ，役員又は使用人に故意又は重過失がない場合に，法人が負担した損害賠償金は，給与以外の損金となります。
　ご質問の場合は，業務中の交通事故であり，役員に故意又は重過失がないということですから，法人が負担した損害賠償金は，給与以外の損金となります。

Reference　法基通 9-7-16

DETAIL

1　問題点

　役員又は使用人がした行為によって，その損害賠償金を法人が負担した場合において，その役員又は使用人に対する債権とされず損金となる場合とはどのような場合かが問題点です。

2　条文・通達

●法人税基本通達 9-7-16　法人が支出した役員等の損害賠償金

　法人の役員又は使用人がした行為等によって他人に与えた損害につき法人が

> その損害賠償金を支出した場合には，次による。
> (1) その損害賠償金の対象となった行為等が法人の業務の遂行に関連するものであり，かつ，故意又は重過失に基づかないものである場合には，その支出した損害賠償金の額は給与以外の損金の額に算入する。
> (2) その損害賠償金の対象となった行為等が，法人の業務の遂行に関連するものであるが故意又は重過失に基づくものである場合又は法人の業務の遂行に関連しないものである場合には，その支出した損害賠償金に相当する金額は当該役員又は使用人に対する債権とする。

3　概　要

(1)　基本的な取扱い

　役員又は使用人がした行為によって，他人に損害を与えた場合において，その損害賠償金を法人が負担した場合には，その業務の遂行に関連するものであり，かつ，役員又は使用人に故意又は重過失がない場合には，給与以外の損金となります。

　また，業務の遂行に関連するものであるが，故意又は重過失に基づくものである場合又は業務の遂行に関連しない場合には，法人が負担した損害賠償金は，その役員又は使用人に対する債権となります。

(2)　役員又は使用人に対する債権とすることについて

　役員又は使用人がした行為により生じた損害賠償金について，業務の遂行に関連する行為等であるが，故意又は重過失が認められる場合，又は業務の遂行に関連しない場合には，その損害賠償金の負担者は，行為等を行った役員又は使用人となります。

　役員又は使用人の負担に属する損害賠償金を法人が負担した場合には，法人が役員又は使用人に代わって損害賠償金を立て替えたと認識し，役員又は使用人に対する求償権を取得したことになります。

　そのため，取扱いとしては，役員又は使用人に対する債権として処理するこ

とになります。

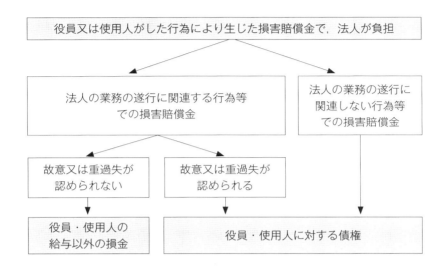

4　解　釈

給与以外の損金とすることについて

　役員又は使用人がした行為等によって他人に与えた損害につき，損害賠償金を負担するのは，本来であれば行為をした役員又は使用人と考えられます。

　しかし，役員又は使用人の業務の遂行に関連する行為等であり，役員又は使用人の故意又は重過失に基づかないものである場合には，その業務の主体である法人の行った行為等と考えることもできます。

　そこで，損害賠償金を法人が負担することについても，法人の行為等に基づいて生じた損害賠償金であると認識し，負担した損害賠償金を損金に算入することになります。

> 関連解説

役員又は使用人に対する債権とした後の処理について（法基通9-7-17）

　役員又は使用人がした行為により生じた損害賠償金で，法人が負担した場合において，役員又は使用人に対する債権としたものについて，その役員又は使用人の支払能力等からみて求償できない場合に，その全部又は一部に相当する金額を貸倒れとして損金経理をした場合には，損金算入が認められます。

　なお損害賠償金について，保険等によって補てんされる場合には，補てんされる金額を控除した金額が，損金の額に算入される金額となります。

　しかし貸倒れ等とした金額のうちその役員又は使用人の支払能力等からみて回収が確実であると認められる部分の金額については，役員又は使用人に対する給与となります。この取扱いは，法人が損害賠償金を負担した際に，損害賠償金相当額を役員又は使用人に対する債権として計上しないで，損金の額に算入する処理をした場合でも同様の取扱いとなります。

　この場合，注意しなければいけないのは，「役員又は使用人の支払能力等からみて求償できない」と判断するところです。そのため役員又は使用人の財産状況（支払能力等）を，客観的に確認できる資料の準備が必要かと思われます。

　また，役員又は使用人の支払能力等からみて回収が確実であると認められる場合の貸倒処理は，その回収できる金額相当額について，役員又は使用人に対する給与となりますが，役員に対する給与は，臨時的な給与となるため，役員賞与となり損金不算入となります。

VIII 海外渡航費

Q34 海外渡航費の取扱い

　私は，飲食業を営む中小法人の役員です。このたび，食材の仕入先が海外の加工工場を新設したため，その工場の視察に行くことになりました。
　この視察に行くための旅費は，会社から支給を受ける予定ですが，全額損金となるのでしょうか。

A

SUMMARY　工場の視察が法人の業務の遂行上必要なものであり，かつ，旅費が通常必要と認められる金額である場合には，旅費として損金となります。

Reference　法基通9-7-6・9-7-7

DETAIL

1　問題点

　法人が支出する海外渡航費が損金となるのは，その海外渡航が「法人の業務の遂行上必要なもの」であることが前提となっています。
　そこで，その海外渡航費が，その法人の業務遂行上必要であるか否かが問題点となります。

2　条文・通達

　海外渡航費については，法人税基本通達9-7-6に，「その海外渡航が当該法人の業務の遂行上必要なものであり，かつ，当該渡航のため通常必要と認められる部分の金額に限り，旅費としての法人の経理を認める。」との取扱いがあります。

3　概　　要

　法人が海外渡航費を支給した場合には，業務の遂行上必要な海外渡航であり，かつ，渡航のため通常必要と認められる金額が旅費として損金となりますが，業務の遂行上必要な海外渡航でない場合，又は業務の遂行上必要な海外渡航であっても，渡航費が通常必要と認められる金額を超えている場合には，渡航費の全部又は通常必要と認められる金額を超える部分の金額は海外渡航者への給与となります。

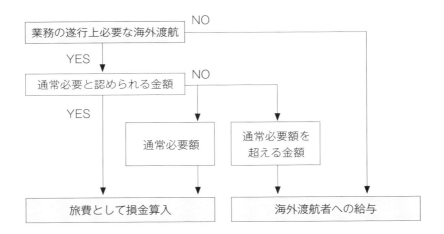

4　解　　釈

（1）　業務の遂行上必要なものの判断

　法人が支給する海外渡航費が旅費として損金の額に算入されるのは，その海外渡航が役員又は使用人の職務遂行のための出張旅費であるからです。

　この場合，業務の遂行上必要な海外渡航であったか否かの判断については，海外渡航の目的，海外渡航先，海外渡航の経路，海外渡航の同行者，海外渡航の行程等を確認して，総合的に判断することになります。

そのため、以上の事項が説明できる資料を、事前に準備しておくべきでしょう。

なお、次のような旅行は、法人の業務の遂行上必要な海外渡航にはあたらない形式的な取扱いとなっています（法基通9-7-7）。

① 観光渡航の許可を得て行う旅行
② 旅行あっせんを行う者等が行う団体旅行に応募してする旅行
③ 同業者団体その他これに準ずる団体が主催して行う団体旅行で主として観光目的と認められるもの

> **判例**
> （横浜地裁平成17年1月19日判決、TAINS Z255-09899）
> 　海外渡航費が費用に該当するものとして損金の額に算入されるべきかどうかは、当該海外渡航の性質に照らし、それが当該法人の業務の遂行上必要な費用と認められるものであるかどうかによって判断すべきである。
> 　そして、当該海外渡航が当該法人の業務の遂行上必要なものであるかどうかについては、渡航者と当該法人との関係、渡航の目的、渡航先、渡航先での当該渡航者の活動及び渡航期間等の諸般の事情を総合的に考慮して判断することが相当である。

(2) 給与とされる金額の性格

業務の遂行上必要な海外渡航ではない場合には、その海外渡航をした役員又は使用人に対する給与となります。

また通常の必要額を超えて支給する金額についても、その超える部分の金額は、海外渡航をした役員又は使用人に対する給与となります。

この場合、この給与は臨時的な給与となりますので、役員の場合には役員賞与となり、損金不算入となります。

関連解説

1　海外渡航費について

　法人が海外渡航者に支給する渡航費には，渡航のための運賃，滞在先の宿泊費のほか，日当や支度金も含まれます。

　支度金については，海外渡航が初めての役員又は使用人が，海外渡航のために準備する諸費用を賄う性格を有していると考えられますので，海外渡航が頻繁にある役員又は使用人に対しては，その都度支度金を支給していると，給与として認識される可能性もあります。

2　形式的な取扱いの特例について

　「4　解釈」で説明した，いわゆる形式的な取扱いについて，下記の特例の取扱いがあります。

　「…法人の業務にとって直接関連のあるものがあると認められるときは，法人の支給するその海外渡航に要する旅費のうち，法人の業務にとって直接関連のある部分の旅行について直接要した費用の額は，旅費として損金の額に算入する。」(法基通9-7-10)

　これは例えば「旅行あっせんを行う者等が行う団体旅行に応募してする旅行」であっても，滞在先の行程がすべて自由行動であり，その旅行を利用して，旅行先にある取引先等に行き，打ち合わせを行った場合などです。

　この場合，形は「旅行あっせんを行う者等が行う団体旅行に応募してする旅行」であっても，本来の目的が「法人の業務の遂行」であれば，「法人の業務にとって直接関連のある部分の旅行について直接要した費用の額」は，旅費として損金の額に算入されることになります。

Q35 同伴者がいる場合の海外渡航費

　私は，工作機械を海外に輸出している中小法人の役員です。このたび，海外のユーザーから工作機械の仮注文を受け，注文の細部の打ち合わせをするために，海外に出張することになりました。
　この出張には，妻も同伴させる予定ですが，妻の分の海外渡航費を会社が負担した場合には，損金になるのでしょうか。

A

SUMMARY　同伴者が，明らかにその海外渡航の目的を達成するために必要な同伴と認められるときは，同伴者の海外渡航費も損金となりますが，それ以外の場合には，法人が負担した同伴者の海外渡航費は，出張する役員に対する臨時的な給与となり，損金の額に算入されません。

Reference　法基通9−7−8

DETAIL

1　問題点

　「明らかにその海外渡航の目的を達成するために必要な同伴」の場合には，同伴者の海外渡航費も損金となりますが，それ以外の場合には損金となりません。そこで「明らかにその海外渡航の目的を達成するために必要な同伴」とは，具体的にどのような場合かが問題点となります。

2　条文・通達

●法人税基本通達9−7−8　同伴者の旅費

　法人の役員が法人の業務の遂行上必要と認められる海外渡航に際し，その親族又はその業務に常時従事していない者を同伴した場合において，その同伴者

> に係る旅費を法人が負担したときは，その旅費はその役員に対する給与とする。ただし，…明らかにその海外渡航の目的を達成するために必要な同伴と認められるときは，その旅行について通常必要と認められる費用の額は，この限りでない。

3　概　　要

　法人の役員が，親族や業務に従事していない，例えば友人などを同伴者として海外渡航をした場合において，その同伴者の海外渡航費を法人が負担した場合には，その負担した海外渡航費の金額は，その役員に対する給与となります。
　この取扱いは，海外渡航が法人の業務の遂行上必要と認められる海外渡航である場合の取扱いであり，法人の業務の遂行上必要と認められない海外渡航である場合には，当然役員分の海外渡航費も，その役員に対する給与となります。
　なお，この場合の役員に対する給与は，臨時的な給与となり，損金不算入となります。しかし，その同伴が「明らかにその海外渡航の目的を達成するために必要な同伴」と認められる場合には，法人が負担した同伴者の海外渡航費は旅費として損金の額に算入されることになります。

4　解　　釈

　法人が負担した同伴者の海外渡航費が，損金の額に算入される場合とは，「明らかにその海外渡航の目的を達成するために必要な同伴」と認められる場合ですが，法人税基本通達9－7－8において，その例として下記の場合を示しています。
　⑴　その役員が常時補佐を必要とする身体障害者であるため補佐人を同伴する場合
　⑵　国際会議への出席等のために配偶者を同伴する必要がある場合
　⑶　その旅行の目的を遂行するため外国語に堪能な者又は高度の専門的知識

を有する者を必要とするような場合に，適任者が法人の使用人のうちにいないためその役員の親族又は臨時に委嘱した者を同伴するとき

この具体例はあくまでも例示であって，同伴者の旅費の損金性を判断する上で必要な考え方は，同伴の必要性です。

この同伴の必要性について判断した次のような裁判例があります。

> 判例
>
> （横浜地裁平成17年1月19日判決）
>   なお，原告は，基本通達9-7-8において，海外渡航費の損金算入が認められる例として，国際会議への出席等のために配偶者を同伴する場合が挙げられていることを指摘するが，このような海外渡航費が損金の額に算入されるかどうかは，国際会議への出席等という名目だけではなく，当該国際会議の性質や配偶者の同伴が必要な事情を個別的，実質的に検討して，あくまでも当該法人の業務の遂行上必要な費用であるかどうかによって判断されるべきものであって，同通達の規定もそのような趣旨のものと解される。

関連解説

1 業務の遂行上必要と認められない海外渡航である場合について

「3 概要」での説明どおり，同伴者の海外渡航費が損金として認められる場合は，大前提としてその海外渡航が「業務の遂行上必要と認められる海外渡航」であることが必要です。

よって，その海外渡航が「業務の遂行上必要と認められない海外渡航」である場合には，同伴者分のみならず，役員本人の分も旅費として損金算入されることはなく，会社が負担した海外渡航費全額が，その役員への臨時的な給与となります。

業務の遂行上必要と認められない海外渡航費の取扱いは，原則的な考え方である「法人税基本通達9-7-6」の取扱いに戻って考える内容です。

2　使用人の同伴者の海外渡航について

「3　概要」の説明は，役員の同伴者についての説明となっていますが，使用人が同伴者を同行して海外渡航した場合でも考え方は同じです。

例えば使用人が海外渡航の目的を達成するために，通訳の目的で語学の堪能な親族を同伴し，先方の取引先との間の会話を通訳してもらった場合には，明らかに海外渡航の目的を達成するための同伴ですので，同伴者の海外渡航費も損金の額に算入されることになります。

しかし同伴者の同行が，「業務の遂行上必要と認められる海外渡航」でない場合に，法人が負担した同伴者の旅費は，その使用人への臨時的な給与となります。

負担した法人にとっては，使用人に対する賞与ですから，損金の額に算入されますが，使用人本人に所得税が課税されることになります。

Q36　業務遂行以外の海外渡航費が含まれる場合

　このたび，当社の扱う製品について，海外で国際展示会が行われることになり，そこで当社の取引先との商談があるため，海外出張をすることになりました。またこの出張先の近くに，有名な観光地があるため，商談後近くの観光地にも行く予定です。

　この場合，出張のために法人が負担した海外渡航費は，旅費として損金の額に算入されるのでしょうか。

　なお，海外出張の日程，海外渡航費の内訳は下記のとおりです。

　海外出張の日程：9月4日から9月6日（国際展示会，取引先との商談）
　　　　　　　　　9月7日（観光，帰国）

　海外渡航費の内訳：航空運賃150,000円，宿泊費60,000円（3泊），日当
　　　　　　　　　　40,000円（1日当たり10,000円）

A

SUMMARY　海外渡航費のうち，業務上必要と認められる部分に対応する渡航費と，業務上必要と認められない部分に対応する渡航費とに区分し，業務上必要と認められる部分に対応する渡航費については旅費として損金の額に算入され，業務上必要と認められない部分に対応する渡航費については，出張した役員等の給与となります。

Reference　法基通9-7-9

DETAIL

1　問題点

　業務上必要と認められる旅行と必要と認められない旅行を併せて行った場合，業務上必要と認められる部分に対応する渡航費と，必要と認められない部分に対応する渡航費を，どのように区分するかが問題となります。

2　条文・通達

●法人税基本通達9-7-9　業務の遂行上必要と認められる旅行と認められない旅行とを併せて行った場合の旅費

> 法人の役員又は使用人が海外渡航をした場合において，その海外渡航の旅行期間にわたり法人の業務の遂行上必要と認められる旅行と認められない旅行とを併せて行ったものであるときは，その海外渡航に際して支給する旅費を法人の業務の遂行上必要と認められる旅行の期間と認められない旅行の期間との比等によりあん分し，法人の業務の遂行上必要と認められない旅行に係る部分の金額については，当該役員又は使用人に対する給与とする。（省略）

3　概　　要

　法人が業務上必要と認められる旅行と必要と認められない旅行を併せて行った場合の海外渡航費を負担した場合については，両方の費用を合理的な按分方法によって区分し，業務上必要と認められない旅費部分は，その渡航者への臨時的な給与として取り扱われます。

　この場合，合理的な按分方法とは，本来その費用の内容によって区分すべきですが，例えばそれぞれの期間の比によって按分する方法なども合理的な方法の1つとして，通達で示されています。

　なおご質問の例において，期間の比によって区分すると，旅費として損金の額に算入される金額及び渡航者の給与とされる金額は，次の計算により算定された金額となります。

　　業務上必要と認められる期間3日，業務上必要と認められない期間1日
　　航空運賃150,000円＋宿泊費60,000円＋日当40,000円＝250,000円
　　250,000円×3日／（3日＋1日）＝187,500円……旅費として損金
　　250,000円×1日／（3日＋1日）＝　62,500円……渡航者への給与

4　解　　釈

　業務上必要と認められる部分に対応する渡航費と，業務上必要と認められない部分に対応する渡航費を区分する原則的な考え方は，「3　概要」に示したとおりですが，海外渡航の直接の動機が法人の業務の遂行のためであり，その海外渡航を機会に観光を併せて行うものである場合には，その往復の旅費（その取引先の所在地等その業務を遂行する場所までのもの）は，法人の業務の遂行上必要と認められるものとして，その海外渡航に際して支給する旅費の総額から，往復の旅費の金額を控除した残額につき，期間の比によって按分する特例的な区分の取扱いも示されています（法基通9-7-9後段）。

　この取扱いは，観光が含まれていなくても往復の旅費は発生するものであり，中心的な目的が業務の遂行であるならば，その往復の旅費は損金の額に算入されることを示した取扱いです。

　この考え方により，ご質問の例の費用区分を行うと，旅費として損金の額に算入される金額及び渡航者の給与とされる金額は，下記のとおりです。

　業務上必要と認められる期間3日，業務上必要と認められない期間1日
　宿泊費60,000円+日当40,000円=100,000円
　100,000円×3日／（3日+1日）=75,000円
　航空運賃150,000円+75,000円=225,000円……旅費として損金
　100,000円×1日／（3日+1日）=25,000円……渡航者への給与

　この往復の旅費が損金の額に算入された裁決例があり，裁決要旨は下記のとおりです。

裁決例

（昭和45年10月7日裁決，TAINS J01-3-07）
　　この渡航目的は，玩具の国内取引の頭打ちを打開する活路を見いだすために行なった北中南米の業界視察等の事業上の用務であり，また，旅行中，休日または余暇を利用した史跡等の見学旅行も一部あったが，旅行日程の大部分が業界視察等の事業上の用務であって，各目的地までの航空運賃は，個人的使用の

> ためでないことは明らかであり、全額損金に算入されるべきであるから、原処分は失当である。

関連解説

同業者団体が主催する海外視察等の取扱いについて

　同業者団体等が主催して実施する海外視察等の機会に併せて観光が行われる場合の海外渡航費の取扱いが、法人税の個別通達により下記のように示されています（「海外渡航費の取扱いについて」平成12年10月11日、課法2-15）。

（1）　損金等算入割合による損金算入額の算定

　その旅行に通常要する費用の額に、旅行日程の区分による業務従事割合を基礎とした損金算入の割合（以下「損金等算入割合」という）を乗じて計算した金額を、旅費として損金の額に算入する。

　ただし、次に揚げる場合には、それぞれ次による。

① 　その団体旅行に係る損金等算入割合が90％以上となる場合は、その旅行に通常要する費用の額の全額を旅費として損金の額に算入する。

② 　その団体旅行に係る損金等算入割合が10％以下となる場合は、その旅行に通常要する費用の額の全額を旅費として損金の額に算入しない。

③ 　その海外渡航が業務遂行上直接必要であると認められる場合（「業務従事割合」が50％以上の場合に限る）は、その旅行に通常要する費用の額を「往復の交通費の額（業務を遂行する場所までのものに限る。以下同じ）」と「その他の費用の額」とに区分し、「その他の費用の額」に損金等算入割合を乗じて計算した金額と「往復の交通費の額」との合計額を旅費として損金の額に算入する。

④ 　参加者のうち別行動をとった者等個別事情のある者がいる場合は、その者については、個別事情を斟酌して業務従事割合の算定を行う。

(2) 損金等算入割合の端数処理

上記に定める「損金等算入割合」は，業務従事割合を10％単位で区分したものとするが，その区分にあたり業務従事割合の10％未満の端数については四捨五入する。

(3) 業務従事割合の計算

上記（2）に定める「業務従事割合」は，旅行日程を「視察等（業務に従事したと認められる日数）」，「観光（観光を行ったと認められる日数）」，「旅行日」及び「その他」に区分し，次の算式により計算した割合とする。

$$\frac{\text{「視察等の業務に従事したと認められる日数」}}{\text{「視察等の業務に従事したと認められる日数」} + \text{「観光を行ったと認められる日数」}}$$

(4) 日数区分等

業務従事割合の計算の基礎となる日数の区分は，おおむね次による。

① 日数区分の単位

日数の区分は，昼間の通常の業務時間（おおむね8時間）を1.0日としてその行動状況に応じ，おおむね0.25日を単位に算出する。ただし，夜間において業務に従事している場合には，これに係る日数を「視察等の業務に従事したと認められる日数」に加算する。

② 視察等の日数

視察等の日数は，次に掲げるような視察等でその参加法人の業種業態，事業内容，事業計画等から見てその法人の業務上必要と認められるものに係る日数とする。

  イ　工場，店舗等の視察，見学又は訪問
  ロ　展示会，見本市等への参加又は見学
  ハ　市場，流通機構等の調査研究等

ニ　国際会議への出席
　　ホ　海外セミナーへの参加
　　ヘ　同業者団体又は関係官庁等の訪問，懇談
③　観光の日数
　観光の日数には，次に掲げるようなものに係る日数が含まれる。
　　イ　自由行動時間での私的な外出
　　ロ　観光に附随して行った簡易な見学，儀礼的な訪問
　　ハ　ロータリークラブ等その他これに準ずる会議で，私的地位に基づいて出席したもの
④　旅行日の日数
　旅行日の日数は，原則として目的地までの往復及び移動に要した日数とするが，現地における移動日等の日数でその内容からみて「視察等の日数」又は「観光の日数」に含めることが相当と認められる日数（観光の日数に含めることが相当と認められる当該移動日等の日数で，土曜日又は日曜日等の休日の日数に含まれるものを除く）は，それぞれの日数に含める。
⑤　その他の日数
　その他の日数は，次に掲げる日数とする。
　　イ　土曜日又は日曜日等の休日の日数（④の旅行日の日数を除く）
　　　ただし，これらの日のうち業務に従事したと認められる日数は「視察等の日数」に含め，その旅行の日程からみて当該旅行のほとんどが観光と認められ，かつ，これらの日の前後の行動状況から一連の観光を行っていると認められるような場合には「観光の日数」に含める。
　　ロ　土曜日又は日曜日等の休日以外の日の日数のうち「視察等」，「観光」及び「旅行日」に区分されない休養，帰国準備等その他の部分の日数

Ⅸ 貸倒引当金

Q37 個別評価金銭債権

　当社は卸売業を営む中小法人です。今期，当社が売掛金を有する取引先のＡ社が破産手続開始の申立てを行いました。

　当社は，まもなく決算を迎えますが，Ａ社に対する売掛金について，税務上，損金に算入することができる貸倒引当金を設定することはできますか。なお，Ａ社の破産手続は現在も継続しており，破産管財人から売掛金の弁済に関する知らせはまだ何も受けておりません。

A ....

SUMMARY　Ａ社に対する売掛金については，一定の額を貸倒引当金繰入額として損金算入することができます。

　Ａ社に対する売掛金は，Ａ社が破産手続開始の申立てを行っていることから，法人税法上の個別評価金銭債権に該当します。この個別評価金銭債権については，その債権に係る損失の見込み額として各事業年度で損金経理により貸倒引当金勘定に繰り入れた金額のうち，一定の方法により計算した限度額に達するまでの金額は損金算入することができます。

Reference　法法52，法令96

DETAIL

1　問題点

　会社法では，会社計算規則5条4項で，「債権について取立不能のおそれがある場合には，事業年度末日において取立不能見込み額を控除しなければならない」旨規定しており，企業会計上，貸倒引当金は当然計上すべきとされています。

一方，法人税法では，まだ発生していない損失は原則として損金算入できないこととなっているため，貸倒引当金繰入額の損金算入についても無制限に認められることはなく，一定の限度額が定められており，また，適用対象となる法人についても中小法人等に限定されているため，注意が必要となります。

2　条文・通達

●法人税法52条1項　貸倒引当金

　次に掲げる内国法人が，その有する金銭債権のうち，更生計画認可の決定に基づいて弁済を猶予され，又は賦払により弁済されることその他の政令で定める事実が生じていることによりその一部につき貸倒れその他これに類する事由による損失が見込まれるもの（当該金銭債権に係る債務者に対する他の金銭債権がある場合には，当該他の金銭債権を含む。以下…「個別評価金銭債権」という。）のその損失の見込額として，各事業年度…において損金経理により貸倒引当金勘定に繰り入れた金額については，当該繰り入れた金額のうち，当該事業年度終了の時において当該個別評価金銭債権の取立て又は弁済の見込みがないと認められる部分の金額を基礎として政令で定めるところにより計算した金額…に達するまでの金額は，当該事業年度の所得の金額の計算上，損金の額に算入する。
一　当該事業年度終了の時において次に掲げる法人に該当する内国法人…
　　イ　普通法人（投資法人及び特定目的会社を除く。）のうち，資本金の額若しくは出資金の額が1億円以下であるもの〔資本金の額又は出資金の額が5億円以上である法人等との間に完全支配関係がある法人等を除く。〕又は資本若しくは出資を有しないもの
　　ロ　公益法人等又は協同組合等
　　ハ　人格のない社団等
（省略）

3　概　　要

　中小法人の貸倒引当金の設定については，税務上，個別評価金銭債権と一括評価金銭債権とに区分し，それぞれ計算した限度額の合計額まで損金に算入することが認められています（法法52，法令96）。
　このうち個別評価金銭債権は，いわゆる不良債権に対応するもので，各債権

につき生じた次に掲げる事実の区分に応じ，それぞれに掲げる金額が損金算入限度額となります。

(1) 金銭債権について長期棚上げが生じた場合

　金銭債権に係る債務者について生じた次に掲げる事由に基づいてその弁済を猶予され，又は賦払により弁済されることとなった場合には，その金銭債権の額からその事由が生じた日の属する事業年度の終了の日の翌日から5年以内に弁済される金額及び担保権の実行等により取立て見込みがあると認められる金額を控除した金額が繰入限度額となります。

① 更生計画認可の決定
② 再生計画認可の決定
③ 特別清算に係る協定の認可の決定
④ 法令の規定による整理手続によらない関係者の協議決定で一定のもの

(2) 債務者の債務超過状態が相当期間継続している場合

　金銭債権に係る債務者の債務超過状態が相当期間継続し，かつ，その営む事業に好転の見通しがないこと，災害等により多大な損害が生じたことその他の事由により，その金銭債権の一部の金額について取立ての見込みがない場合には，その取立ての見込みがない一部の金額が繰入限度額となります。

(3) 債務者について更生手続開始の申立て等の事由が生じた場合

　金銭債権に係る債務者について次に掲げる事由が生じた場合には，その金銭債権の額からその債務者から受け入れた金額があるため実質的に債権とみられない部分の金額及び担保権の実行等により取立て見込みがあると認められる金額を控除した金額の50％相当額が繰入限度額となります。

① 更生手続開始の申立て
② 再生手続開始の申立て
③ 破産手続開始の申立て

④ 特別清算開始の申立て
⑤ 手形交換所による取引停止処分　など

(4) 外国の公的債権の価値が著しく減少し弁済を受けることが困難な場合

外国の政府，中央銀行又は地方公共団体の長期にわたる債務の履行遅滞によりその金銭債権の経済的な価値が著しく減少し，かつ，その弁済を受けることが著しく困難であると認められる場合には，その金銭債権の額からその債務者から受け入れた金額があるため実質的に債権とみられない部分の金額及び担保権の実行等により取立て見込みがあると認められる金額を控除した金額の50％相当額が繰入限度額となります。

関連解説

1　損金経理処理

貸倒引当金繰入額を損金の額に算入するためには，会社での損金経理処理が必要となっており，法人税の申告書による申告調整は認められていません（法法52①）。

なお，損金経理とは，法人がその確定した決算において費用又は損失として経理することをいいます（法法2①二十五）。

2　帳簿書類の保存

個別評価金銭債権に貸倒引当金を設定する場合には，その金銭債権について生じた事実を証する書類その他一定の書類を保存しなければなりません（法令96②）。

3　確定申告書の記載

貸倒引当金の規定は，税務署長がやむを得ない事情があると認める場合を除き，確定申告書に貸倒引当金勘定に繰り入れた金額の損金算入に関する明細の記載がある場合に限り適用できます（法法52③）。

Q38 一括評価金銭債権

当社は小売業を営む中小法人です。今期の決算で，いわゆる不良債権以外の一般の債権について，貸倒引当金を設定したいと思います。対象となる金銭債権の範囲と繰入限度額の計算方法を教えてください。

A

SUMMARY 対象となる金銭債権は，売掛金，貸付金その他これらに準ずる金銭債権で，個別評価金銭債権に該当する金銭債権を除いたものとなります。また，繰入限度額の計算方法は，事業年度終了の時において有する一括評価金銭債権の帳簿価額の合計額に貸倒実績率を乗じて計算します。なお，一定の中小法人等については貸倒実績率にかえて法定繰入率により計算することもできます。

Reference 法法52②，法令96⑥，措法57の9

DETAIL

1 問題点

法人税法では，個別評価金銭債権と同様に一括評価金銭債権に係る貸倒引当金の設定についても適用法人や損金算入限度額などに一定の制限が設けられています。企業会計における経理処理と取扱いが異なることもあるため，注意が必要です。

2 条文・通達

●法人税法52条2項　貸倒引当金

前項各号〔Q37参照〕に掲げる内国法人が，その有する売掛金，貸付金その他これらに準ずる金銭債権（個別評価金銭債権を除く。以下…「一括評価金銭債権」という。）の貸倒れによる損失の見込額として，各事業年度…において損

> 金経理により貸倒引当金勘定に繰り入れた金額については，当該繰り入れた金額のうち，当該事業年度終了の時において有する一括評価金銭債権の額及び最近における売掛金，貸付金その他これらに準ずる金銭債権の貸倒れによる損失の額を基礎として政令で定めるところにより計算した金額…に達するまでの金額は，当該事業年度の所得の金額の計算上，損金の額に算入する。

3 概　　要

(1) 一括評価金銭債権の範囲

① 一括評価金銭債権に含まれるもの

一括評価金銭債権には，売掛金，貸付金のほか，次に掲げる債権（個別評価金銭債権を除きます）が含まれます（法基通11-2-16・11-2-17・11-2-19）。

(イ)	未収の譲渡代金，未収加工料，未収請負金，未収手数料，未収保管料，未収地代家賃等又は貸付金の未収利子で，益金の額に算入されたもの
(ロ)	他人のために立替払をした場合の立替金（将来費用として精算されるものを除く。）
(ハ)	未収の損害賠償金で益金の額に算入されたもの
(ニ)	保証債務を履行した場合の求償権
(ホ)	売掛金，貸付金などの金銭債権について取得した受取手形
(ヘ)	延払基準を適用している場合の割賦未収入金等　　など

② 一括評価金銭債権に含まれないもの

次に掲げる金銭債権は，一括評価金銭債権に該当しません（法基通11-2-18）。

(イ)	預貯金及びその未収利子，公社債の未収利子，未収配当その他これらに類する債権
(ロ)	保証金，敷金（借地権，借家権等の取得等に関連して無利息又は低利率で提供した建設協力金等を含む。），預け金その他これらに類する債権
(ハ)	手付金，前渡金等のように資産の取得の代価又は費用の支出に充てるものとして支出した金額

（ニ）	前払給料，概算払旅費，前渡交際費等のように将来精算される費用の前払として一時的に仮払金，立替金等として経理されている金額
（ホ）	雇用保険法，雇用対策法，障害者の雇用の促進等に関する法律等の法令の規定に基づき交付を受ける給付金等の未収金
（ヘ）	仕入割戻しの未収金　　など

（2）　繰入限度額の計算方法

①　実績繰入率に基づく計算

　　実績繰入率による繰入限度額は，次の算式により計算します（法令96⑥）。

> 繰入限度額＝期末一括評価金銭債権の帳簿価額の合計額×貸倒実績率（注）

　　（注）　貸倒実績率は以下の算式により計算します（小数点以下4位未満切上げ）

$$貸倒実績率：\frac{((イ)＋(ロ)－(ハ))\times \frac{12}{(ニ)}}{(ホ)÷(ヘ)}$$

- （イ）：その事業年度開始の日前3年以内に開始した各事業年度（以下「前三年内事業年度」といいます）において売掛金，貸付金その他これらに類する金銭債権の貸倒れにより生じた損失の金額の合計額
- （ロ）：前三年内事業年度における個別評価金銭債権の貸倒引当金繰入額の損金算入額
- （ハ）：前三年内事業年度における個別評価金銭債権の貸倒引当金戻入額の益金算入額
- （ニ）：前三年内事業年度の月数の合計数
- （ホ）：その事業年度開始の日前3年以内に開始した各事業年度終了の時における一括評価金銭債権の帳簿価額の合計額
- （ヘ）：各事業年度の数

②　法定繰入率に基づく計算

　事業年度終了の時において資本金の額又は出資金の額が1億円以下の普通法人（大法人との間に完全支配関係がある法人などを除きます）については，実績繰入率に基づく繰入限度額の計算にかえて，次の算式による法定繰入率に基

づく繰入限度額の計算を行うことができます（措法57の９）。

> 繰入限度額＝（期末一括評価金銭債権の帳簿価額の合計額－実質的に債権とみられない金額(注1)）×法定繰入率(注2)

(注１) 実質的に債権とみられない金額とは，その債務者から受け入れた金額があるため実質的に債権とみられない部分の金額をいいます。
(注２) 法定繰入率とは次に掲げる業種の区分に応じそれぞれに掲げる割合をいいます。

業　　種	法定繰入率
卸売業及び小売業（飲食店業及び料理店業を含む。）	10/1,000
製造業	8/1,000
金融業及び保険業	3/1,000
割賦販売小売業，包括信用購入あっせん業，個別信用購入あっせん業	13/1,000
その他	6/1,000

関連解説

１　損金経理処理

　貸倒引当金繰入額を損金の額に算入するためには，会社での損金経理処理が必要となっており，法人税の申告書による申告調整は認められていません（法法52①）。

２　確定申告書の記載

　貸倒引当金の規定は，税務署長がやむを得ない事情があると認める場合を除き，確定申告書に貸倒引当金勘定に繰り入れた金額の損金算入に関する明細の記載がある場合に限り適用できます（法法52③）。

X 減価償却，税額控除

Q39 少額減価償却資産の特例

当社は青色申告書を提出する法人で中小企業者に該当します。

このたび，当社で28万円のパソコンを購入し，直ぐに使用を開始しましたが，28万円全額を損金の額に算入できますか。

A

SUMMARY 購入したパソコンは30万円未満のため，他の要件を満たしていれば，取得価額の28万円全額を損金の額に算入できます。

Reference 措法67の5，措通67の5-2

DETAIL

1 問題点

法人が取得し，事業の用に供した減価償却資産の取得価額が30万円未満である場合には，「中小企業者等の少額減価償却資産の取得価額の損金算入の特例」の規定の適用を受けられる可能性があります。

この特例の適用を受けるためには，本問のような金額の要件のほかにも様々な要件があり，それらの要件をすべて満たしているかどうかが問題となります。

2 条文・通達

●租税特別措置法67条の5　中小企業者等の少額減価償却資産の取得価額の損金算入の特例

　　第42条の4第3項に規定する中小企業者又は農業協同組合等で，青色申告書を提出するもの（事務負担に配慮する必要があるものとして政令で定めるもの

に限る。以下この項において「中小企業者等」という。）が，平成18年4月1日から平成30年3月31日までの間に取得し，又は製作し，若しくは建設し，かつ，当該中小企業者等の事業の用に供した減価償却資産で，その取得価額が30万円未満であるもの（その取得価額が10万円未満であるもの及び第53条第1項各号に掲げる規定その他政令で定める規定の適用を受けるものを除く。以下この条において「少額減価償却資産」という。）を有する場合において，当該少額減価償却資産の取得価額に相当する金額につき当該中小企業者等の事業の用に供した日を含む事業年度において損金経理をしたときは，その損金経理をした金額は，当該事業年度の所得の金額の計算上，損金の額に算入する。

　この場合において，当該中小企業者等の当該事業年度における少額減価償却資産の取得価額の合計額が300万円…を超えるときは，その取得価額の合計額のうち300万円に達するまでの少額減価償却資産の取得価額の合計額を限度とする。

● 租税特別措置法施行令39条の28　中小企業者等の少額減価償却資産の取得価額の損金算入の特例

　〔措置〕法第67条の5第1項に規定する政令で定めるものは，常時使用する従業員の数が1,000人以下の法人とする。

● 租税特別措置法関係通達67の5-2　少額減価償却資産の取得価額の判定単位

　措置法第67条の5第1項の規定を適用する場合において，取得価額が30万円未満であるかどうかは，通常1単位として取引されるその単位，例えば機械及び装置については1台又は1基ごとに，工具，器具及び備品については1個，1組又は1そろいごとに判定し，構築物のうち例えば枕木，電柱等単体では機能を発揮できないものについては一の工事等ごとに判定する。

3　概　　要

　この特例の適用を受けるための要件は，「（1）法人に関する要件」「（2）取引に関する要件」「（3）申告手続の要件」の大きく3つに分けられます。適用を受けるためには，いずれの要件もすべて満たす必要があります。

（1） 法人に関する要件
　① 中小企業者等に該当すること
　② 青色申告書を提出していること
　③ その法人の従業員の数が1,000人以下であること

（2） 取引に関する要件
　① 平成18年4月1日から平成30年3月31日までの間に取得等した資産が，減価償却資産であること
　② その減価償却資産の取得価額が30万円未満であること
　③ その減価償却資産を平成18年4月1日から平成30年3月31日までの間に事業の用に供すること
　④ その事業の用に供した日の属する事業年度において，その取得価額相当額を損金経理すること

（3） 申告手続の要件
　確定申告書等に，この特例の適用を受ける減価償却資産の取得価額に関する明細書の添付があること
　なお，連結納税の場合においても，同様の規定が定められています（措法68の102の2）。

4　解　　釈

（1） 事業の用に供した日について
　この特例の適用を受けるためには，「事業の用に供した減価償却資産」である必要があります。そのため，取得等しただけではその事業年度の損金の額に算入することはできません。
　なお「事業の用に供した」とは，国税庁のタックスアンサーで次のように記載されています。

「事業の用に供した日」とは，一般的にはその減価償却資産のもつ属性に従って本来の目的のために使用を開始するに至った日をいいますので，例えば，機械等を購入した場合は，機械を工場内に搬入しただけでは事業の用に供したとはいえず，その機械を据え付け，試運転を完了し，製品等の生産を開始した日が事業の用に供した日となります。(国税庁タックスアンサー 法人税 減価償却 No.5400 Q3 事業の用に供した時期とは)

（2） 損金の額に算入する金額

この特例の適用を受けて損金経理したことにより，その事業年度において損金の額に算入することができる金額には，その減価償却資産の取得価額の合計額のうち300万円に達するまでの金額という制限が設けられています。

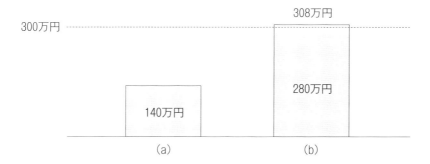

(a)のケース：取得価額28万円の減価償却資産を，その事業年度中に5個取得し，かつ事業の用に供した場合

　　　280,000円×5個＝1,400,000円≦3,000,000円

　　　　　　　　　　　　　　　　　　∴　1,400,000円

(b)のケース：取得価額28万円の減価償却資産を，その事業年度中に11個取得し，かつ事業の用に供した場合

　　　280,000円×11個＝3,080,000円＞3,000,000円

　　　3,000,000円÷280,000円＝10.714…個　→　10個

$280,000円 \times 10個 = 2,800,000円 \leqq 3,000,000円$

$\therefore \quad 2,800,000円$

関連解説

「中小企業者等の少額減価償却資産の取得価額の損金算入の特例」の規定の適用を受けた減価償却資産は，償却資産税の申告の対象になります。

Q40　中小企業投資促進税制

　当社は資本金3,000万円（すべて個人株主）の青色申告法人で，食料品製造業を営んでいます。当社は当期（平成29年4月1日〜平成30年3月31日）において，食料品製造ラインのうちの一つを最新の機械装置に入れ替える予定です。投資額は1,000万円を見込んでいます。税制上の優遇措置があれば教えて下さい。

A

SUMMARY　青色申告法人である貴社は中小企業者等に該当し，指定期間内に特定機械装置等を取得して事業の用に供する見込であるため，中小企業投資促進税制の適用が可能と思われます。この制度を利用することにより貴社は機械装置の取得価額の30％相当額の特別償却をすることが可能となります。

　また，貴社は特定中小企業者等に該当するため，上記特別償却に代えて，法人税額の7％相当額の税額控除を選択適用することもできます。

Reference　措法42の6，措令27の6，措規20の3

DETAIL

1　問題点

　税制上の優遇措置の適用を受けるためには，適用対象法人か，設備の取得が適用対象期間内か，取得する設備が適用対象資産か否かなどの要件チェックが欠かせません。

　そのためには，設備投資の計画段階から企業担当者と顧問税理士等との情報を共有することが望まれます。また，設備投資の内容，納期，投資額などの変更が見込まれる場合は速やかに顧問税理士等へ情報提供をする必要があります。

2　条文・通達

中小企業投資促進税制の適用要件等は次のとおりです。

(1)　適用対象者

青色申告書を提出する中小企業者等が対象となります。

中小企業者等とは，中小企業者又は農業協同組合等で，青色申告書を提出するものをいいます。

この場合の中小企業者とは次の者をいいます（措法42の4③・⑧六，措令27の4⑫）。

中小企業者とは，資本金の額若しくは出資金の額が1億円以下の法人のうち次の①及び②以外の法人又は資本若しくは出資を有しない法人のうち常時使用する従業員の数が1,000人以下の法人をいいます。
①大規模法人※から2分の1以上の出資を受けるその大規模法人の子会社
　※大規模法人とは，資本金の額若しくは出資金の額が1億円を超える法人又は資本若しくは出資を有しない法人のうち常時使用する従業員の数が1,000人を超える法人をいい，中小企業投資育成株式会社を除きます。
②2以上の大規模法人から3分の2以上の出資を受ける会社

---

(2)　適用期間

平成10年6月1日から平成31年3月31日までの期間（指定期間）です。

(3)　対象設備

製作後事業の用に供されていない次の設備（貸付の用を除きます）が対象設備（特定機械装置等）となります。

設　備	要　件
機械及び装置	1台又は1基の取得価額が160万円以上のもの
測定工具・検査工具	1台又は1基の取得価額が120万円以上のもの（事業年度の取得価額の合計額が120万円以上のものを含む）
一定のソフトウェア	一のソフトウェアの取得価額が70万円以上のもの（事業年度の取得価額の合計額が70万円以上のものを含む）
普通貨物自動車	車両総重量3.5ｔ以上 (注1)
内航船舶	すべて (注2)

（注1）　普通貨物自動車は，道路運送車両法に規定する普通自動車で，貨物の運送の用に供するものが対象です。

（注2）　取得価額の75％が対象となります。

（4）　指定事業

次の業種が対象となります。

> 製造業，建設業，鉱業，卸売業，道路貨物運送業，倉庫業，港湾運送業，ガス業，小売業，料理店業その他の飲食店業（料亭，バー，キャバレー，ナイトクラブその他これらに類する事業を除く），一般旅客自動車運送業，海洋運輸業及び沿海運輸業，内航船舶貸渡業，旅行業，こん包業，郵便業，損害保険代理業，情報通信業，駐車場業，学術研究，専門・技術サービス業，宿泊業，洗濯・理容・美容・浴場業，その他の生活関連サービス業，映画業，教育，学習支援業，医療，福祉業，協同組合，サービス業（廃棄物処理業，自動車整備業，機械等修理業，職業紹介・労働者派遣業，その他の事業サービス業），農業，林業，漁業，水産養殖業

※不動産業，物品賃貸業，電気業，映画業以外の娯楽業等や風俗営業法上の性風俗関連特殊営業は対象となりません。

（5）　税制上の優遇措置

次の①又は②のいずれかを選択適用できます。ただし，特定中小企業者等※以外の法人は，①特別償却のみの適用となります。

※特定中小企業者等とは，中小企業者等のうち，資本金の額又は出資金の額が3,000万円以下の法人及び農業協同組合等をいいます。

	資本金の額又は出資金の額	
	3,000万円以下	3,000万円超
中小企業者	特定中小企業者等	特定中小企業者等以外
農業協同組合等		

① **特別償却**

```
特定機械装置等の取得価額 × 30% = 特別償却限度額
```

なお，特別償却不足額がある場合は，その不足額は翌年度に繰り越すことができます（措法52の2①）。

② **税額控除**

```
特定機械装置等の取得価額 × 7% = 税額控除限度額（ただし，法人
税額の20%が税額控除額の上限となります）
```

なお，控除してもなお控除しきれない金額は翌年度に繰り越すことができます。

③ **リース取引**

リース取引に係る制度の適用については，次のとおりです。

	特別償却	税額控除
所有権移転リース取引	○	○
所有権移転外リース取引	×	○
オペレーティングリース，レンタル	×	×

(6) 手　続

① **特別償却の場合**

法人税の確定申告書等に「特別償却の付表（二）」（中小企業者等又は中小連

結法人が取得した機械等の特別償却の償却限度額の計算に関する付表）と適用額明細書を添付する必要があります。

② 税額控除の場合

　法人税の確定申告書等に「別表六（十二）」（中小企業者等が機械等を取得した場合の法人税額の特別控除に関する明細書）と適用額明細書を添付する必要があります。

> 関連解説

　中小企業者等で中小企業等経営強化法の経営力向上計画の認定を受けたものが，経営力向上計画に基づく一定の設備を取得等した場合には，中小企業投資促進税制の上乗せ措置として，即時償却（注1）又は取得価額の10％の税額控除（資本金3,000万円超1億円以下の法人は7％）（注2）が選択適用できる中小企業経営強化税制があります（措法42の12の4）。

　（注1）　特別償却の償却不足額を翌事業年度に繰り越すことができます。
　（注2）　税額控除は，中小企業経営強化税制，中小企業投資促進税制及び商業・サービス業・農林水産業活性化税制の税額控除額の合計額が法人税額の20％を超える場合には20％が上限となります。税額控除限度額を超える金額については，翌事業年度に繰り越すことができます。

Q41　商業・サービス業・農林水産業活性化税制

当社は資本金1,000万円（すべて個人株主）の青色申告法人で，高級輸入雑貨の小売業を営んでいます。当期（平成29年4月1日～平成30年3月31日）において顧問税理士の指導及び助言を受けて，賃借している店舗についてリニューアルを予定しています。その内訳は次のとおりです。税制上の優遇措置があれば教えて下さい。

項　目	金　額	備　考
壁紙・塗装費	200万円	資本的支出はない
電気設備	200万円	一の取得価額が60万円以上
空調設備	100万円	一の取得価額が60万円以上
器具備品	500万円	1台又は1基の取得価額は30万円以上

A

SUMMARY　青色申告法人である貴社は中小企業者等に該当します。店舗のリニューアルに係る設備投資のうち，経営改善設備に該当するものは商業・サービス業・農林水産業活性化税制の適用を受けることが可能です。この制度を利用することにより貴社は経営改善設備の取得価額の30％相当額の特別償却をすることが可能となります。

また，貴社は特定中小企業者等に該当するため，上記特別償却に代えて法人税額の7％相当額の税額控除を選択適用することができます。

ただし，指導及び助言を受ける顧問税理士は中小企業等経営強化法に基づく認定経営革新等支援機関に該当するとともに，その顧問税理士から経営の改善に関する指導及び助言を受けた旨を明らかにする書類の交付を受ける必要がありますのでご注意ください。

Reference　措法42の12の3，措令27の12の3，措規20の8

DETAIL

1 問題点

租税特別措置法における特別償却や税額控除は製造業でないと適用がないと思いがちですが、卸・小売業やサービス業などにも適用できる制度があります。

この制度は、商業・サービス業・農林水産業を営む中小企業等の活性化を図るために一定の経営改善設備の取得を行った場合には、特別償却又は税額控除の適用ができる制度です。

ただし、認定経営革新等支援機関等から経営の改善に関する指導及び助言を受けた旨を明らかにする書類の交付を受ける必要があるので、設備投資の計画段階から顧問税理士等に相談をしておかなければなりません。

2 条文・通達

商業・サービス業・農林水産業活性化税制の適用要件等は次のとおりです。

(1) 適用対象者

次の特定中小企業者等が対象となります。

特定中小企業者等	認定経営革新等支援機関等(注1)から経営改善指導助言書類交付を受けている者
	中小企業者(注2)及び中小企業等協同組合等（認定経営革新等支援機関等に該当する者を除く）
	青色申告書を提出する者

(注1) 次の①及び②をいいます。
① 認定経営革新等支援機関…中小企業・小規模事業者の多様化・複雑化する経営課題に対して事業計画策定支援等を通じて専門性の高い支援を行うため、税務、金融及び企業の財務に関する専門的知識（又は同等以上の能力）を有

し，これまで経営革新計画の策定等の業務について一定の経験年数を持っているといった機関や人（金融機関，税理士，公認会計士，弁護士など）を，国が「認定経営革新等支援機関」として認定しています（中小企業庁：「認定経営革新等支援機関による支援のご案内」より）。

② ①に準ずるもの…生活衛生同業組合，生活衛生同業小組合，都道府県生活衛生営業指導センター，農業協同組合，農業協同組合連合会，存続中央会，漁業協同組合，漁業協同組合連合会，森林組合，森林組合連合会，都道府県中小企業団体中央会，商工会議所，商工会，商店街振興組合連合会

（注2） 中小企業者とは次のものをいいます（措法42の4⑧六，措令27の4⑫）。

> 中小企業者とは，資本金の額若しくは出資金の額が1億円以下の法人のうち次の①及び②以外の法人又は資本若しくは出資を有しない法人のうち常時使用する従業員の数が1,000人以下の法人をいいます。
> ①大規模法人[※]から2分の1以上の出資を受けるその大規模法人の子会社
> 　※大規模法人とは，資本金の額若しくは出資金の額が1億円を超える法人又は資本若しくは出資を有しない法人のうち常時使用する従業員の数が1,000人を超える法人をいい，中小企業投資育成株式会社を除きます。
> ②2以上の大規模法人から3分の2以上の出資を受ける会社

（2） 適用期間

平成25年4月1日から平成31年3月31日までの期間（指定期間）です。

（3） 対象設備

経営改善設備として，その交付を受けた経営改善指導助言書類に記載されたもので，製作若しくは建設後事業の用に供されていない次の設備（貸付の用を除く）が対象設備となります。

設　備	要　件
器具及び備品	1台又は1基の取得価額が30万円以上のもの
建物附属設備	一の取得価額が60万円以上のもの

したがって，ご質問のうち対象設備となるのは次のとおりです。

項　目	金額	判定	備　考
電気設備	200万円	該当	一の取得価額200万円＞60万円
空調設備	100万円	該当	一の取得価額100万円＞60万円
器具備品	500万円	該当	1台又は1基の取得価額＞30万円

(4)　指定事業

次の業種が対象となります。

　卸売業，小売業，情報通信業，一般旅客自動車運送業，道路貨物運送業，倉庫業，港湾運送業，こん包業，損害保険代理業，不動産業，物品賃貸業，専門サービス業，広告業，技術サービス業，宿泊業，飲食店業，洗濯・理容・美容・浴場業，その他の生活関連サービス業，社会保険・社会福祉・介護事業，サービス業（教育・学習支援業，映画業，協同組合，他に分類されないサービス業（廃棄物処理業，自動車整備業，機械等修理業，職業・労働者派遣業，その他の事業サービス業）），農業，林業，漁業，水産養殖業

※風俗営業に該当するものは，①料亭，バー，キャバレー，ナイトクラブその他これらに類する飲食店業で生活衛生同業組合の組合員が営むもの，②宿泊業のうち旅館業，ホテル業で風俗営業の許可を受けているもの以外は，指定事業から除かれます。また，性風俗関連特殊営業に該当するものも指定事業から除かれます。

(5)　税制上の優遇措置

次の①又は②のいずれかを選択適用できます。ただし，特定中小企業者等[※]以外の法人は，①特別償却のみの適用となります。

　※特定中小企業者等とは，中小企業者等のうち，資本金の額又は出資金の額が3,000万円以下の法人及び中小企業協同組合等をいいます。

	資本金の額又は出資金の額	
	3,000万円以下	3,000万円超
中小企業者	特定中小企業者等	特定中小企業者等以外
中小企業協同組合等		

① **特別償却**

経営改善設備の取得価額 × 30％ = 特別償却限度額

なお，特別償却不足額がある場合は，その不足額は翌年度に繰り越すことができます（措法52の2①）。

② **税額控除**

経営改善設備の取得価額 × 7％ = 税額控除限度額（ただし，法人税額の20％が税額控除額の上限となります）

なお，控除してもなお控除しきれない金額は翌年度に繰り越すことができます。

③ **リース取引**

リース取引に係る制度の適用については，次のとおりです。

	特別償却	税額控除
所有権移転リース取引	○	○
所有権移転外リース取引	×	○
オペレーティングリース，レンタル	×	×

(6) 手　　続
① **特別償却の場合**

法人税の確定申告書に「特別償却の付表（七）」（特定中小企業者等又は特定

中小連結法人が取得した経営改善設備の特別償却の償却限度額の計算に関する付表）と適用額明細書を添付する必要があります。

② 税額控除の場合

　法人税の確定申告書に「別表六（二十一）」（特定中小企業者等が経営改善設備を取得した場合の法人税額の特別控除に関する明細書）と適用額明細書を添付する必要があります。

関連解説

　中小企業者等で中小企業等経営強化法の経営力向上計画の認定を受けたものが，経営力向上計画に基づく一定の設備を取得等した場合には，商業・サービス業・農林水産業活性化税制の上乗せ措置として，即時償却[注1]又は取得価額の10％の税額控除（資本金3,000万円超1億円以下の法人は7％）[注2]が選択適用できる中小企業経営強化税制があります（措法42の12の4）。
　　（注1）　特別償却の償却不足額を翌事業年度に繰り越すことができます。
　　（注2）　税額控除は，中小企業経営強化税制，中小企業投資促進税制及び商業・サービス業・農林水産業活性化税制の税額控除額の合計額が法人税額の20％を超える場合には20％が上限となります。税額控除限度額を超える金額については，翌事業年度に繰り越すことができます。

Q42　中小企業経営強化税制

　Q40において，機械メーカーより，当該機械装置は販売が開始されてから10年以内で，生産性が旧モデルに比べて年平均1％以上向上することが見込まれるので，一定の手続をとれば，即時償却や税額控除の上乗せ措置があると聞いています。
　どのような手続をとればよいのでしょうか。

A ....

SUMMARY　生産性向上設備投資促進税制は平成29年3月末で廃止されましたが，中小企業投資促進税制の上乗せ措置（即時償却又は税額控除）については，新たに中小企業経営強化税制が創設され，引き続き即時償却又は税額控除が可能となっています。
　中小企業者等である貴社は，経営力向上計画の認定を受けるとともに，指定期間内に機械装置を取得することにより，即時償却又は税額控除の選択適用をすることができます。

Reference　措法42の12の4，措令27の12の4，措規20の9

DETAIL

1　問題点

　中小企業経営強化税制では，対象となる設備について工業会等から所定の要件を満たしていることの証明書を取得（A類型）するか又は税理士等により事前確認を受けた投資計画案につき所轄の経済産業局からその確認書を取得（B類型）するかしなければなりません。さらに，主務大臣（担当省庁）から経営力向上計画について認定を受ける必要があります。
　経営力向上設備等の取得は，経営力向上計画の認定後が原則となっていますので，この制度の適用を受けるにあたっては，設備投資の計画段階から顧問税

理士等と事前準備をしておく必要があります。

2　条文・通達

(1)　適用対象者

次の中小企業者等が対象となります。

中小企業者等	・中小企業者^(注1) ・農業協同組合等 ・中小企業協同組合等
	中小企業等経営強化法の認定を受けた者^(注2)
	青色申告書を提出する者

(注1)　中小企業者（措法42の6①，措法42の4③・⑧六，措令27の4⑫）

　中小企業者とは，資本金の額若しくは出資金の額が1億円以下の法人のうち次の①及び②以外の法人又は資本若しくは出資を有しない法人のうち常時使用する従業員の数が1,000人以下の法人をいいます。

①大規模法人※から2分の1以上の出資を受けるその大規模法人の子会社

　※大規模法人とは，資本金の額若しくは出資金の額が1億円を超える法人又は資本若しくは出資を有しない法人のうち常時使用する従業員の数が1,000人を超える法人をいい，中小企業投資育成株式会社を除きます。

②2以上の大規模法人から3分の2以上の出資を受ける会社

(注2)　中小企業等経営強化法の認定を受けた者

　主務大臣（担当省庁）により経営力向上計画の中で，①生産性向上設備（A類型）又は②収益力強化設備（B類型）として認定を受けることが必要になります。原則として，設備の取得前に経営力向上計画の認定を受ける必要があります。

　なお，原則に従うことができない場合であっても，設備取得日から60日以内

に経営力向上計画が主務大臣（担当省庁）に受理される必要があります。また，経産局への確認（B類型）申請は設備取得より前に行う必要がありますのでご注意ください。

① **生産性向上設備（A類型）**

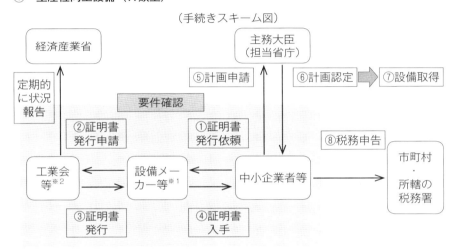

（手続きスキーム図）

※1　当該設備の性能把握や同一メーカー内の新旧モデルの判別が必要であるため，設備メーカーによる申請が望ましいが，代理店や子会社等で正確な申請が可能な場合は，設備メーカーに代わって申請することを可とする。

※2　設備メーカー自身がその工業会の会員であるか非会員であるかに依らず，設備毎に証明団体として指定されている工業会等へ申請すること。（具体的にどの設備についてどの工業会等に申請すべきかは，経済産業省HP参照。）

（中小企業庁：「中小企業等経営強化法における経営力向上設備等に関する税制措置に係る工業会証明書の取得の手引き」より）

② 収益力強化設備（B類型）

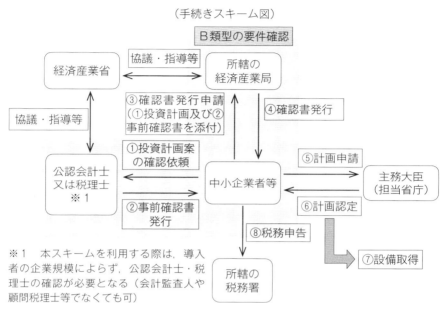

（中小企業庁：「中小企業等経営強化法の経営力向上設備等のうち収益力強化設備（B類型）に係る経産局確認の取得に関する手引き」より）

（2） 適用期間

平成29年4月1日から平成31年3月31日までの期間（指定期間）です。

（3） 対象設備

① 生産性向上設備（A類型）

　最新モデルである必要はありませんが，販売開始時期から一定期間内の設備であり，経営力の向上に資するものの指標（生産効率，エネルギー効率，精度など）が旧モデルと比較して年平均1％以上向上している設備であることにつき，工業会等から証明書を発行してもらったものをいいます。

設備の種類	用途又は細目	最低価額（1台1基又は一の取得価額）	販売開始時期
機械及び装置	全て	160万円以上	10年以内
工具	測定工具及び検査工具	30万円以上	5年以内
器具及び備品	全て	30万円以上	6年以内
建物附属設備	全て	60万円以上	14年以内
ソフトウェア	一定のもの	70万円以上	5年以内

② 収益力強化設備（B類型）

年平均の投資利益率※5％以上となることが見込まれることにつき，経済産業大臣（経済産業局）から確認書を発行してもらったものをいいます。

設備の種類	用途又は細目	最低価額（1台1基又は一の取得価額）
機械及び装置	全て	160万円以上
工具	全て	30万円以上
器具及び備品	全て	30万円以上
建物附属設備	全て	60万円以上
ソフトウェア	全て	70万円以上

※年平均の投資利益率

$$\frac{「営業利益＋減価償却費^{※1}」の増加額^{※2}}{設備投資額^{※3}}$$

※1 会計上の減価償却費

※2 設備の取得等をする年度の翌年度以降3年度の平均額

※3 設備の取得等をする年度におけるその取得等をする設備の取得価額の合計額

(4) 指定事業

Q40 中小企業投資促進税制及び**Q41** 商業・サービス業・農林水産業活性化税制のそれぞれの対象事業に該当するすべての事業が中小企業経営強化税制の

指定事業となります。

(5) 税制上の優遇措置

次の①又は②のいずれかを選択適用できます。

① 特別償却

> 特定経営力向上設備等の取得価額 － 普通償却限度額 ＝ 特別償却限度額

なお、特別償却不足額がある場合は、その不足額は翌年度に繰り越すことができます（措法52の2①）。

② 税額控除

> イ 中小企業者等のうち一定の法人（資本金等が3,000万円超1億円以下）
> 　特定経営力向上設備等の取得価額 × 7％ ＝ 税額控除限度額

> ロ 中小企業者等のうち一定の法人以外のもの（資本金の額等が3,000万円以下）
> 　特定経営力向上設備等の取得価額 × 10％ ＝ 税額控除限度額

※中小企業者等のうち一定の法人とは、中小企業者のうち資本金の額又は出資金の額が3,000万円超のものをいいます。

	資本金の額又は出資金の額	
	3,000万円以下	3,000万円超
中小企業者	一定の法人以外のもの	一定の法人
農業協同組合等 中小企業等協同組合等		

③ 税額控除限度額と繰越控除

税額控除は、中小企業経営強化税制、中小企業投資促進税制及び商業・サービス業・農林水産業活性化税制の税額控除額の合計額が法人税額の20％を超える場合には20％が上限となります。税額控除限度額を超える金額については、翌事業年度に繰り越すことができます。

④ リース取引

リース取引に係る制度の適用については，次のとおりです。

	特別償却	税額控除
所有権移転リース取引	○	○
所有権移転外リース取引	×	○
オペレーティングリース，レンタル	×	×

（6） 手　続

① 特別償却の場合

　法人税の確定申告書に「特別償却の付表（八）」（中小企業者等又は中小連結法人が取得した特定経営力向上設備等の特別償却の償却限度額の計算に関する付表）と適用額明細書を添付する必要があります。

② 税額控除の場合

　法人税の確定申告書に「別表六（二十二）」（中小企業者等が特定経営力向上設備等を取得した場合の法人税額の特別控除に関する明細書）と適用額明細書を添付する必要があります。

関連解説

　中小企業経営強化税制と固定資産税特例（固定資産税が3年間2分の1に軽減される制度）は重複適用が可能です。両制度は主務大臣（担当省庁）の経営力向上計画の認定が要件になっているので，同時に適用を検討することができます。

　なお，生産性向上設備（A類型）の場合は工業会等から取得する証明書1枚で主務大臣（担当省庁）に対して計画申請をすることができますが，収益力強化設備（B類型）の場合は，固定資産税特例を受けるためには，工業会等から別途証明書を取得する必要があります。

Q43 固定資産税特例

Q40及びQ42において，当社の食料品製造工場は東京都に所在しています。機械装置の場合は，全国・全業種，当該機械装置の固定資産税が3年間半額になると聞いています。どのような手続をとればよいのでしょうか。

A ....

> SUMMARY　中小企業者である貴社は，経営力向上計画の認定を受けるとともに，適用期間において経営力向上設備等に該当する機械装置等を取得することにより，新たに固定資産税が課されることとなった年度から3年度分の固定資産税に限り，その2分の1に軽減されます。

> Reference　地方税法附則15㊸

> DETAIL

1　問題点

この制度は中小企業経営強化税制と併せて適用を受けることができますが，生産性向上設備（A類型）の場合は工業会等から取得する証明書1枚で主務大臣（担当省庁）の経営力向上の計画申請をすることができます。一方，収益力強化設備（B類型）で主務大臣（担当省庁）の経営力向上の計画申請をする場合は，別途工業会等から証明書を入手する必要があります。

2　条文・通達

(1)　適用対象者

中小企業者等(注1)で中小企業等経営強化法の認定を受けた者(注2)が対象となります。

(注1)　中小企業者等（措法42の4⑧六，措令27の4⑫）。
　中小企業者とは，資本金の額若しくは出資金の額が1億円以下の法人のうち次の①及び②以外の法人又は資本若しくは出資を有しない法人のうち常時使用する従業員の数が1,000人以下の法人をいいます。
① 　大規模法人※から2分の1以上の出資を受けるその大規模法人の子会社
　　※大規模法人とは，資本金の額若しくは出資金の額が1億円を超える法人又は資本若しくは出資を有しない法人のうち常時使用する従業員の数が1,000人を超える法人をいい，中小企業投資育成株式会社を除きます。

② 　2以上の大規模法人から3分の2以上の出資を受ける会社

(注2)　中小企業等経営強化法の認定を受けた者
　Q42を参照。

（2）　適用期間
　平成29年4月1日から平成31年3月31日までの期間をいいます。

（3）　対象設備
　最新モデルである必要はありませんが，販売開始時期から一定期間内の設備であり，経営力の向上に資するものの指標（生産効率，エネルギー効率，精度など）が旧モデルと比較して年平均1％以上向上している設備であることにつき，工業会等から証明書を発行してもらったものをいいます。

設備の種類	用途又は細目	最低価額	販売開始時期
機械及び装置	全て	160万円以上	10年以内
工具(注)	測定工具及び検査工具	30万円以上	5年以内
器具及び備品(注)	全て	30万円以上	6年以内
建物附属設備(注)	全て	60万円以上	14年以内

　　（注）　一部の地域（東京，神奈川，千葉，埼玉，愛知，大阪，京都）において対象業種に限定があります（詳細は中小企業庁のホームページ参照）。

(4) 手　続

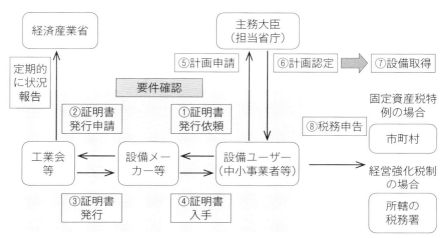

(中小企業庁：「中小企業等経営強化法に基づく税制措置・金融支援活用の手引き」より)

関連解説

　固定資産税特例と中小企業経営強化税制は共に主務大臣（担当省庁）から経営力向上計画の認定が要件になっているので，両制度は同時に適用を検討することができます。

XI 税額計算等

Q44 法人税率の軽減

当社は、4月～3月を事業年度とする中小企業者に該当する法人です。当期決算における法人税の所得金額は1,000万円でした。当期に適用される法人税率を教えてください。

A

SUMMARY　所得金額のうち、「800万円」については、租税特別措置法による軽減税率（平成28年4月1日～平成31年3月31日までに開始する事業年度については15％）が適用され、「1,000万円－800万円＝200万円」については、原則どおり法人税法の税率23.4％（平成30年4月1日以後開始する事業年度については23.2％）が適用されます。

Reference　法法66①②、措法42の3の2①

DETAIL

1　問題点

　法人税法では、中小法人等に適用される税率が所得金額によって異なるため、適用対象者の範囲や適用税率の確認を怠ると、低い税率で計算されない可能性があります。さらに、中小法人等のうち中小企業者に対しては、時限的措置として租税特別措置法における軽減税率が設けられているため、中小企業者に該当するかどうかを確認することが重要となります。

2　条文・通達

〈各事業年度の所得に対する法人税の税率〉
● 法人税法66条1項・2項　各事業年度の所得に対する法人税の税率

> 　内国法人である普通法人，一般社団法人等（別表第二に掲げる一般社団法人及び一般財団法人並びに公益社団法人及び公益財団法人をいう。次項…において同じ。）又は人格のない社団等に対して課する各事業年度の所得に対する法人税の額は，各事業年度の所得の金額に100分の23.2の税率を乗じて計算した金額とする。
> 2　前項の場合において，普通法人のうち各事業年度終了の時において資本金の額若しくは出資金の額が1億円以下であるもの若しくは資本若しくは出資を有しないもの，一般社団法人等又は人格のない社団等の各事業年度の所得の金額のうち年800万円以下の金額については，同項の規定にかかわらず，100分の19の税率による。

● 法人税法附則（平成28年3月31日法律第15号）抄

> 第1条
> この法律は，平成28年4月1日から施行する。…

> 第26条
> 内国法人の施行日から平成30年3月31日までの間に開始する事業年度の所得に係る新法人税法その他法人税に関する法令の規定の適用については，新法人税法第66条第1項中「100分の23.2」とあるのは「100分の23.4」とする。

〈中小企業者等の法人税率の特例〉

●租税特別措置法42条の3の2第1項1号

> 普通法人のうち当該事業年度終了の時において資本金の額若しくは出資金の額が1億円以下であるもの若しくは資本若しくは出資を有しないもの又は人格のない社団等の平成24年4月1日から平成31年3月31日までの間に開始する各事業年度の所得に係る〔法人税〕法その他法人税に関する法令の規定の適用については，法人税法66条2項に掲げる税率は，100分の15とする。
>
> ※著者一部修正

3　概　要

　法人税の税率は，原則として23.4％（平成30年4月1日以後開始事業年度については23.2％）です。ただし，中小法人等の所得金額のうち年800万円以下の金額については19％と規定されています。

　さらに，中小法人等のうち中小企業者については，租税特別措置法により，平成31年3月31日までの間に開始する事業年度の所得金額のうち年800万円以下の金額については15％と税率が軽減されています。

　以上の内容を表にまとめると，次のとおりです。

■法人税率表

区分	所得金額		H28.4.1～H30.3.31開始事業年度	H30.4.1～H31.3.31開始事業年度	H31.4.1以後開始事業年度
中小法人等以外の普通法人			23.4％	23.2％	23.2％
中小法人等	年800万円超の部分		23.4％	23.2％	23.2％
	年800万円以下の部分	中小企業者以外	19％	19％	19％
		中小企業者	15％	15％	19％

4　解　釈

　法人税率は，法人税法さらには租税特別措置法でも規定されており，適用対象者や所得金額ごとに税率が異なるため，適用税率の判断が誤りやすくなっています。そのため，決算期ごとに，各事業年度で用いる税率をその都度確認することが大切です。

　また，租税特別措置法による軽減税率については，国際的な経済環境の変化や景気動向等に合わせて，数年ごとに税率の改定を繰り返しています。したがって，毎決算期には税制改正等の内容を確認し，注意を払う必要があります。

関連解説

1　公益法人等又は協同組合等の税率について（法法66③，措法42の3の2①二）

　公益法人等（一般社団法人等を除きます）又は協同組合等（特定の協同組合等を除きます）の法人税率は，法人税法により19％と定められています。さらに中小企業者同様，租税特別措置法により，平成31年3月31日までの間に開始する事業年度の所得金額のうち年800万円以下の金額については15％と税率が軽減されています。

2　中小事業者等である連結親法人の法人税率の特例（法法81の12②，措法68の8①）

　中小企業者である連結親法人の法人税率は，中小企業者である普通法人と同様に軽減税率が適用されます。税率については，「3　概要」の「法人税率表」を参照してください。

Q45　欠損金の繰越控除，繰戻還付

　当社は小売業を営む資本金2,000万円の中小法人です。

　今期は退職金の支給が多くあり，税務上の欠損金が500万円生じる予定です。

　この欠損金は，翌期以降の利益と相殺できるのでしょうか。また，前期の税金を戻す手続はあるのでしょうか。

A

SUMMARY　青色申告書を提出した事業年度に生じた欠損金（青色欠損金）については，その後10年間（一部は9年）繰り越され，その間の所得金額から控除（損金算入）することができます。この所得から控除される金額は，所得額の50%に制限されていますが，中小法人はこの制限がありません。

　また当期生じた青色欠損金相当額について，前期の税金の還付を受ける制度（繰戻還付制度）がありますが，大法人の場合は適用が停止されています。しかし，中小法人については適用停止にはなっていないため，繰戻還付は適用可能です。

Reference　法法57・80

DETAIL

1　問題点

　青色申告の特典として設けられている青色欠損金の繰越控除，繰戻還付は，青色申告書を提出した事業年度に生じた欠損金が対象となります。

　そのため，欠損金が生じた事業年度が白色申告の場合は，繰越控除，繰戻還付の対象とはならないため注意が必要です。

　例えば開業1年目は，収入が少なく開業費用が多い時期であるため欠損金が生じる可能性が多い事業年度ですが，青色申告の届出をしていないと，欠損金が生じても翌期以降の控除対象とはなりません。そのため適切な時期での届出

提出がされているかが問題となります。

さらに中小法人であれば損金算入の制限や繰戻還付の不適用はありませんが、事業年度終了時に中小法人であるかが問題となります。

2 条文・通達

●法人税法57条　青色申告書を提出した事業年度の欠損金の繰越し

> 内国法人の各事業年度開始の日前9年以内に開始した事業年度において生じた欠損金額…がある場合には、当該欠損金額に相当する金額は、当該各事業年度の所得の金額の計算上、損金の額に算入する。ただし、当該欠損金額に相当する金額が当該欠損金額につき本文の規定を適用せず、かつ、第59条第2項（会社更生等による債務免除等があった場合の欠損金の損金算入）（同項第3号に掲げる場合に該当する場合を除く。）、同条第3項及び第62条の5第5項（現物分配による資産の譲渡）の規定を適用しないものとして計算した場合における当該各事業年度の所得の金額の100分の50に相当する金額…を超える場合は、その超える部分の金額については、この限りでない。
> 2～9（省略）
> 10　第1項の規定は、同項の内国法人が欠損金額…の生じた事業年度について青色申告書である確定申告書を提出し、かつ、その後において連続して確定申告書を提出している場合…であって欠損金額の生じた事業年度に係る帳簿書類を財務省令で定めるところにより保存している場合に限り、適用する。
> 11　次の各号に掲げる内国法人の当該各号に定める各事業年度の所得に係る第1項ただし書の規定の適用については、同項ただし書中「所得の金額の100分の50に相当する金額」とあるのは、「所得の金額」とする。
> 　一　第1項の各事業年度終了の時において次に掲げる法人（…「中小法人等」という。）に該当する内国法人　当該各事業年度

●法人税法80条　欠損金の繰戻しによる還付

> 内国法人の青色申告書である確定申告書を提出する事業年度において生じた欠損金額がある場合…には、その内国法人は、当該確定申告書の提出と同時に、納税地の所轄税務署長に対し、当該欠損金額に係る事業年度…開始の日前1年

> 以内に開始したいずれかの事業年度…の所得に対する法人税の額…に，当該いずれかの事業年度…の所得の金額のうちに占める欠損事業年度の欠損金額…に相当する金額の割合を乗じて計算した金額に相当する法人税の還付を請求することができる。

3　概　　要

（1）　繰越控除の概要

①　規定の概要（法法57①）

　法人の各事業年度開始の日前10年以内（平成30年３月31日までに開始した事業年度に生じた欠損金は９年以内）に開始した事業年度において生じた欠損金額のうち，青色申告書を提出した事業年度に生じた欠損金額（青色欠損金額）については，その事業年度の所得の金額の計算上損金の額に算入されます。

　なおこの欠損金が損金算入（繰越控除）されるためには，欠損金が生じた事業年度以降連続して確定申告書を提出していることが要件となります。

②　損金算入される欠損金額

　その事業年度の所得の金額の計算上，損金の額に算入される欠損金額は，この規定を適用しないものとして計算した所得金額の50％（平成29年４月１日から平成30年３月31日までに開始した事業年度の所得に対しては55％）に相当する金額が限度とされます。

　しかし中小法人等の場合の損金算入される欠損金額について，所得金額の50％の制限はなく，所得金額全額が欠損金の損金算入額となります（法法57⑪）。

（2）　繰戻還付の概要

①　規定の概要（法法80①）

　青色申告書を提出する事業年度において生じた欠損金額がある場合には，欠

損事業年度開始の日前1年以内に開始した事業年度（還付所得事業年度）の法人税のうち一定の金額について還付を請求することができます。

② 繰戻還付の不適用と中小法人等の取扱い（措法66の13①）

通常の事業年度の繰戻還付の規定は，政策上の理由により適用が停止されており，具体的には平成32年3月31日までの間に終了する各事業年度で生じた欠損金額については適用されないこととなっています。

しかし事業年度終了時において中小法人等に該当する場合には，この繰戻還付の不適用の規定は適用されず，繰戻還付を受けることができます。

4 解　釈

（1）繰越控除の期間

青色欠損金の繰越控除の期間は，平成30年3月31日までに開始した事業年度に生じた欠損金は9年で，平成30年4月1日以後に開始した事業年度に生じた欠損金は10年ですので，欠損の生じた事業年度で繰越期間に違いがあります。

そのため，繰越期間が9年である欠損金又は繰越期間が10年である欠損金の区分は明確にしておく必要があります。

（2）繰戻還付請求額

欠損金の繰戻還付の規定により，繰戻還付の請求ができる金額は，還付所得事業年度の法人税の額に，還付所得事業年度の所得金額のうちに欠損事業年度の欠損金額の占める割合を乗じて計算した金額となります。

〈算式〉

$$還付所得事業年度の法人税の額 \times \frac{欠損事業年度の欠損金額}{還付所得事業年度の所得金額}$$

関連解説

1　帳簿の保存義務年数

　青色欠損金の繰越控除は，青色申告要件，連続した確定申告要件以外に，帳簿の保存要件があります（法法57⑩）。

　帳簿の保存は法人税法施行規則59条で7年間と定められていますが，青色欠損金の繰越控除の適用を受ける場合には，欠損金額の生じた事業年度に係る帳簿書類を10年間（平成30年3月31日までに開始した事業年度に生じた欠損金にかかる帳簿書類は9年間）保存する必要があります（法規26の3）。

2　繰戻還付にかかる税務署の手続について

　青色欠損金の繰戻還付は，法人から還付を請求する手続ですが，この請求があった場合，税務署は，その請求の基礎となった欠損金額その他必要な事項について調査して，その調査に基づいて還付手続をすることになります（法法80⑦）。

　よって，還付請求をした場合には，税務署からの問い合わせや実地調査を伴う場合があることを予定しておくべきでしょう。

Q46 所得拡大促進税制

私は中小企業を経営していますが，社員の給料を増やした場合に法人税が優遇されることがあると聞きました。それは所得拡大促進税制というものだそうですが，その制度について教えてください。

A

SUMMARY　所得拡大促進税制とは，国内の雇用者に対する給与の支給額が増加した場合，その増加額を基準として計算した金額を法人税額から控除するという制度です。

中小企業者等は，大企業に比べて要件や控除額が有利となっています。

この制度は平成25年4月1日以後に開始する事業年度から適用されていますが，平成30年度に抜本的に改正されました。ここでは，改正後の平成30年4月1日以後に開始する事業年度の規定を解説しています。

Reference　措法42の12の5

DETAIL

1　問題点

個人の所得を増加させることを目的として，国内雇用者に対する給与の支給額が増加した場合に税額控除の適用ができるようにこの制度が設けられました。

特別な手続は必要のない制度ですが，給与の集計等に手間を要するため，事前の準備が必要となる場合が多いでしょう。

なお，給与の集計作業をした結果，要件を満たさなかった場合には，税額控除は適用できないこととなります。

2　条文・通達

　所得拡大促進税制については，租税特別措置法42条の12の5に規定されており，中小企業者等については第2項に規定があります。

●租税特別措置法42条の12の5
　給与等の引上げ及び設備投資を行った場合等の法人税額の特別控除

第2項
　　第42条の4第3項に規定する中小企業者（適用除外事業者に該当するものを除く。）又は農業協同組合等で，青色申告書を提出するもの（以下この項及び次項第12号において「中小企業者等」という。）が，平成30年4月1日から平成33年3月31日までの間に開始する各事業年度（前項の規定の適用を受ける事業年度，設立事業年度，解散（合併による解散を除く。）の日を含む事業年度及び清算中の各事業年度を除く。）において国内雇用者に対して給与等を支給する場合において，当該事業年度において当該中小企業者等の継続雇用者給与等支給額からその継続雇用者比較給与等支給額を控除した金額の当該継続雇用者比較給与等支給額に対する割合が100分の1.5以上であるとき（当該中小企業者等の雇用者給与等支給額がその比較雇用者給与等支給額以下である場合を除く。）は，当該中小企業者等の当該事業年度の所得に対する調整前法人税額から，当該雇用者給与等支給額から当該比較雇用者給与等支給額を控除した金額（当該事業年度において第42条の12の規定の適用を受ける場合には，同条の規定による控除を受ける金額の計算の基礎となった者に対する給与等の支給額として政令で定めるところにより計算した金額を控除した残額）の100分の15（当該事業年度において次に掲げる要件を満たす場合には，100分の25）に相当する金額（以下この項において「中小企業者等税額控除限度額」という。）を控除する。この場合において，当該中小企業者等税額控除限度額が，当該中小企業者等の当該事業年度の所得に対する調整前法人税額の100分の20に相当する金額を超えるときは，その控除を受ける金額は，当該100分の20に相当する金額を限度とする。
一　当該中小企業者等の継続雇用者給与等支給額からその継続雇用者比較給与等支給額を控除した金額の当該継続雇用者比較給与等支給額に対する割合が100分の2.5以上であること。
二　次に掲げる要件のいずれかを満たすこと。
　イ　当該中小企業者等の当該事業年度の所得の金額の計算上損金の額に算入

　　　　される教育訓練費の額からその中小企業比較教育訓練費の額を控除した金額の当該中小企業比較教育訓練費の額に対する割合が100分の10以上であること。
　　ロ　当該中小企業者等が，当該事業年度終了の日までにおいて中小企業等経営強化法第13条第１項の認定を受けたものであり，当該認定に係る同項に規定する経営力向上計画（同法第14条第１項の規定による変更の認定があったときは，その変更後のもの）に記載された同法第２条第10項に規定する経営力向上が確実に行われたことにつき財務省令で定めるところにより証明がされたものであること。

3　概　　要

　所得拡大促進税制は，給与の引上げなどの要件を満たした場合に税額控除が受けられるという制度です。ここでは中小企業者等について解説します。

(1)　中小企業者等の税額控除が受けられる要件
　①　要件１……雇用者給与等支給額（Ａ）＞比較雇用者給与等支給額（Ｂ）
　②　要件２……

$$\frac{継続雇用者給与等支給額（Ｃ）-継続雇用者比較給与等支給額（Ｄ）}{継続雇用者比較給与等支給額（Ｄ）} \geqq 1.5\%$$

(2)　定　　義

　雇用者給与等支給額（Ａ）……当期の所得の金額の計算上，損金の額に算入される国内雇用者に対する給与等の支給額をいいます。
　比較雇用者給与等支給額（Ｂ）……前期の所得の金額の計算上，損金の額に算入される国内雇用者に対する給与等の支給額をいいます。
　継続雇用者給与等支給額（Ｃ）……継続雇用者に対する当期の給与等の支給額をいいます。
　継続雇用者比較給与等支給額（Ｄ）……継続雇用者に対する前期の給与等の

支給額をいいます。

　ここで，継続雇用者とは，当期及び前期の期間内の各月において給与等の支払いを受けた国内雇用者（雇用保険法に規定する一般被保険者に限り，高年齢者等の雇用の安定等に関する法律に規定する継続雇用制度の対象者を除きます）をいいます。

（3）　中小企業者等の税額控除額

　次の金額が控除額となります。ただし当期の法人税額の20％を限度とします。

｜雇用者給与等支給額（A）－比較雇用者給与等支給額（B）｜×15％

　また，以下①②の上乗せの要件のすべてを満たす場合には，次の金額が控除額となります。この場合も当期の法人税額の20％を限度とします。

｜雇用者給与等支給額（A）－比較雇用者給与等支給額（B）｜×25％

① 　上乗せの要件1
　　上記（1）の要件2の割合が2.5％以上であること
② 　上乗せの要件2
　　次のいずれかの要件を満たすこと
- 教育訓練費が前期に比べて10％以上増加していること
- 中小企業等経営強化法第13条第1項の認定を受けたものであり，経営力向上計画に記載された経営力向上が確実に行われたことにつき証明がされたものであること

（4）　留　意　点

① 　この制度は平成25年4月1日から開始した制度ですが，本解説では平成30年4月1日以後に開始する事業年度を前提として記載しています。平成30年4月1日前に開始した事業年度においては，要件や計算方法が異なりますのでご注意ください。
② 　この制度の適用には事前の申請や届出は必要なく，確定申告時に明細書を添付すればよいことになっています。

③　この制度は設立された日を含む事業年度は適用されません。
④　継続雇用者比較給与等支給額がゼロである場合には、要件を満たさないものとされます。
⑤　国内雇用者にはパート、アルバイト及び日雇い労働者も含みますが、役員、使用人兼務役員及び役員の特殊関係者に対する給与等は対象にはなりません。
⑥　海外で勤務する者に支払う給与等は対象にはなりません。
⑦　給与等に充てるために他の者から支払いを受ける金額は控除して計算します。例えば特定就職困難者雇用開発助成金、特定求職者雇用開発助成金などが該当します。
⑧　当社の社員が別の会社へ出向している場合、当社に賃金台帳がある場合には当社が支給した給与等は対象となりますが、出向先から受け入れた金額は控除することになります。
⑨　別の会社から出向者を受け入れている場合、当社に出向者の賃金台帳がある場合には出向者の給与負担金は対象となりますが、出向者の賃金台帳が当社にない場合には出向者の給与負担金は対象にはなりません。
⑩　当期の法人税額の20％が控除限度額であり、控除額がそれを上回ったとしても翌期に繰り越すことはできません。
⑪　雇用促進税制の規定と併用できますが、一定の調整があります。
⑫　1年未満の事業年度がある場合は月割り計算をします。
⑬　この制度は青色申告法人に適用があります。

4　具体的な計算（平成31年3月決算の中小企業者等とします）

① 　事　　例
　　平成30年3月期（前期）
　　　　比較雇用者給与等支給額（B）……………… 14,000,000円
　　　　継続雇用者比較給与等支給額（D）………… 12,000,000円
　　平成31年3月期（当期）

雇用者給与等支給額（A）……………………………… 15,000,000円
継続雇用者給与等支給額（C）……………………………… 12,360,000円
課税所得　……………………………………………………… 18,000,000円
法人税額　……………………………………………………… 3,520,000円

　教育訓練費の増加割合は10％未満であるが，中小企業等経営強化法の認定を受けており，経営力向上計画に記載された経営力向上が確実に行われたことにつき証明がされている。

② 要件の判定
　ア　15,000,000円＞14,000,000円　　適用可
　イ　（12,360,000円－12,000,000円）÷12,000,000円＝3.0％≧1.5％　　適用可
　ウ　イ≧2.5％　かつ　経営力向上の証明がされている　　上乗せ適用可

③ 税額控除額の計算
　（15,000,000円－14,000,000円）×25％＝250,000円
　3,520,000円×20％＝704,000円
　250,000円＜704,000円　　控除額は250,000円（少ない方）

5　大企業の適用要件及び控除額

中小企業者等以外については，要件や計算方法が異なります。
① 要件…次の要件のすべてを満たすこと
　・3（1）の要件1を満たすこと
　・3（1）の要件2の割合が3％以上かつ国内設備投資額が当期償却費総額の90％以上であること
② 税額控除額…雇用者給与等支給額から比較雇用者給与等支給額を控除した金額の15％（教育訓練費の額が増加した場合には20％），ただし当期の法人税額の20％を限度とする。

XII 同族会社の特例

Q47 特定同族会社とは

　私は中小企業の経営者ですが，法人税法において「特定同族会社」という会社があると聞きました。これは，どのような会社をいうのでしょうか。

　また，同族会社と特定同族会社では，どのような違いがあるのでしょうか。

A

SUMMARY 　特定同族会社とは，会社の株主等の上位1グループで発行済株式又は出資金額の総数又は総額の50％超を有する場合のその会社をいいます。ただし，資本金1億円以下の会社は原則として除かれます。

　また，同族会社と特定同族会社では，その判定方法や留保金課税の適用の有無に違いがあります。

Reference　法法67①②・66⑥，法令139の7，法基通16-1-1

DETAIL

1 問題点

　中小企業の多くは少数の株主によって会社が支配されている同族会社です。

　同族会社については，課税の公平の観点から特別な規定が設けられていますが，同族会社のうち特定同族会社については，留保金課税の規定が設けられています。この留保金課税については，**Q48**の「留保金課税の計算方法」で説明することとします。

2 条文・通達

特定同族会社については，法人税法67条1項かっこ書に規定されています。

●法人税法67条1項　特定同族会社の特別税率

> …（被支配会社で，被支配会社であることについての判定の基礎となった株主等のうちに被支配会社でない法人がある場合には，当該法人をその判定の基礎となる株主等から除外して判定するものとした場合においても被支配会社となるもの（資本金の額又は出資金の額が1億円以下であるものにあっては，前条第6項第2号から第5号に掲げるものに限る。）をいい，清算中のものを除く。）
> （省略）

3 概　要

(1) 被支配会社の判定

被支配会社とは，次のいずれかに該当する会社をいいます（法法67②，法令139の7）。

① 株式又は出資の所有割合により判定する場合（一般的な会社）

$$\frac{1グループの株主等が有する株式数又は出資金額}{その会社の発行済株式の総数又は出資金額の総額} > 50\%$$

(注)　イ　株主等には，特殊の関係のある個人及び法人を含みます。
　　　ロ　発行済株式数の総数又は出資金額の総額は，その会社が有する自己株式又は出資を除きます。

② 議決権割合により判定する場合（議決権制限株式を発行している会社等）

$$\frac{1グループの株主等が有する一定の議決権}{その議決権総数（行使することができない議決権の数を除く）} > 50\%$$

〈一定の議決権〉

　イ　事業の全部若しくは重要な部分の譲渡，解散，継続，合併，分割，株式交換，株式移転又は現物出資に関する決議に係る議決権

　ロ　役員の選任及び解任に関する決議に係る議決権

　ハ　役員の報酬，賞与その他の職務執行の対価として会社が供与する財産上の利益に関する事項についての決議に係る議決権

　ニ　剰余金の配当又は利益の配当に関する決議に係る議決権

③　社員数により判定する場合（合名会社，合資会社，合同会社）

$$\frac{1\text{グループの会社の社員数}}{\text{合名会社，合資会社，合同会社の社員総数}} > 50\%$$

（注）社員総数については，その会社が業務を執行する社員を定めた場合にあっては，業務を執行する社員に限ります。

(2) 特定同族会社とならない法人（法法67①・66⑥）

次のいずれかに該当する法人については，特定同族会社から除かれます。

①　資本金の額又は出資金の額が1億円以下であるもの

ただし，一又は複数の大法人（資本金の額又は出資金の額が5億円以上である法人，相互会社又は法人税法4条の7に規定する受託法人）との間に完全支配関係があるもの，投資法人及び特定目的会社は例外となり，資本金の額又は出資金の額が1億円以下であったとしても特定同族会社に該当します。

②　清算中のもの

(3) 留保金課税が適用されない特定同族会社の範囲（法基通16-1-1）

「被支配会社でない法人」には，被支配会社でない法人を被支配会社であるかどうかの判定の基礎となる株主等に選定したことによって被支配会社となる

場合のその被支配会社（被支配会社でない法人の子会社），被支配会社でない法人の孫会社，曾孫会社など，被支配会社でない法人の直接又は間接の被支配会社も含まれるものとしています。

4　解　釈

　被支配会社とは，同族会社の中でもより少数の株主に支配されている会社であり，同族会社の判定ではその会社の株主等のうち「上位3グループ以下」の占める割合であったのに対し，被支配会社の判定では「1グループ」の占める割合としています。

　同族会社に設けられている特別な規定について，同族会社と特定同族会社の相違点をまとめると，次のようになります。

項　目	同族会社	特定同族会社
判定方法：算式の分子となる株主等の範囲（法法2十・67②，法令4⑤・139の7）	上位3グループ以下	1グループのみ
みなし役員（法令7）	○	○
使用人兼務役員とされない役員（法令71）	○	○
留保金課税（法法67）	×	○
行為計算否認（法法132）	○	○

　また被支配会社であるかどうかの判定に当たっては，同族会社の判定（法基通1-3-1～1-3-8）を準用する旨の通達（法基通16-1-2）が設けられています。

　例えば，前記3（1）①の株式所有割合による判定で該当しなくても，前記3（1）②の議決権割合による判定で該当する場合には，その会社は被支配会社に該当しますので注意が必要です。

Q48 留保金課税の計算方法

当社は特定同族会社に該当するということですが，留保金課税という制度により法人税の負担が増えることがあると聞きました。その計算方法を教えて下さい。

A

SUMMARY　留保金課税とは，各事業年度の所得の金額のうち，一定の金額を超えて留保する場合，その超える部分の金額に対して税額が追加して計算されるという制度です。

株主へ配当金を支給することにより，留保する金額を減少させ，留保金課税による税負担を軽減することが可能です。

Reference　法法67，法令139の8・139の10

DETAIL

1　問題点

中小企業の多くは同族会社ですが，そのうち資本金が1億円を超える会社は特定同族会社に該当する可能性があります。特定同族会社には留保金課税の制度があります。その計算方法は複雑ですが，その制度を理解し，あらかじめ留保金課税により計算される税額を試算しておくとよいでしょう。

2　条文・通達

法人税法67条に留保金課税の規定が定められています。

●法人税法67条　特定同族会社の特別税率

内国法人である特定同族会社…の各事業年度の留保金額が留保控除額を超え

る場合には，その特定同族会社に対して課する各事業年度の所得に対する法人税の額は，…その超える部分の留保金額を次の各号に掲げる金額に区分してそれぞれの金額に当該各号に定める割合を乗じて計算した金額の合計額を加算した金額とする。
  一　年3,000万円以下の金額　100分の10
  二　年3,000万円を超え，年１億円以下の金額　100分の15
  三　年１億円を超える金額　100分の20
2　（省略）
3　第１項に規定する留保金額とは，所得等の金額…のうち留保した金額から，当該事業年度の所得の金額につき前条第１項又は第２項の規定により計算した法人税の額…及び…地方法人税の額並びに当該法人税の額に係る地方税法の規定による道府県民税及び市町村民税（都民税を含む。）の額として政令で定めるところにより計算した金額の合計額を控除した金額をいう。
（各号省略）
4　特定同族会社の前項に規定する留保した金額の計算については，当該特定同族会社による剰余金の配当又は利益の配当（その支払に係る決議の日がその支払に係る基準日の属する事業年度終了の日の翌日から当該基準日の属する事業年度に係る決算の確定の日までの期間内にあるもの…の額…）は当該基準日の属する事業年度に支払われたものとし，…
5　第１項に規定する留保控除額とは，次に掲げる金額のうち最も多い金額をいう。
  一　当該事業年度の所得等の金額の100分の40に相当する金額
  二　年2,000万円
  三　当該事業年度終了の時における利益積立金額（当該事業年度の所得等の金額に係る部分の金額を除く。）がその時における資本金の額又は出資金の額の100分の25に相当する金額に満たない場合におけるその満たない部分の金額に相当する金額

3　概　　要

　留保金課税による税額は，各事業年度の所得等の金額から社外流出額，当期法人税額，当期地方法人税額，当期住民税額及び留保控除額を控除して課税留保金額を算出し，その課税留保金額に対して特別税率を掛けて計算します。

計算の流れを図示すると次のようになります。

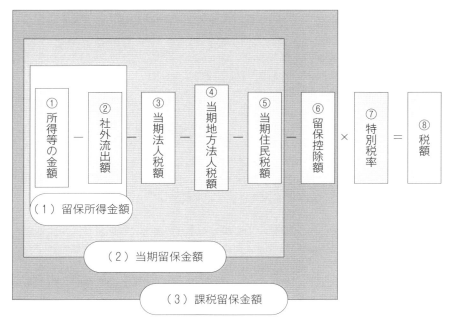

（注）「（1）留保所得金額」、「（2）当期留保金額」、「（3）課税留保金額」は別表三（一）「特定同族会社の留保金額に対する税額の計算に関する明細書」に記載されている用語です。

各項目について解説します。

「①所得等の金額」はその事業年度の所得金額に減算・社外流出の項目をプラスします。減算・社外流出の項目は法人税の計算では課税所得を構成しませんが、留保金課税の計算では課税の対象に含めることになります。

「②社外流出額」は、加算・社外流出の項目になります。加算・社外流出の項目は法人税の計算では課税所得を構成しますが、留保金課税の計算では課税の対象外となり、①所得等の金額からマイナスします。

なお、当期末の定時株主総会で決議される配当金額については、②社外流出額に含めることになります。

「③当期法人税額」，「④当期地方法人税額」及び「⑤当期住民税額」は，その事業年度の所得金額に対する税額として負担すべきことが予定されているものであるため，（1）留保所得金額から控除します。

⑤当期住民税額は，計算を簡素化するために，③当期法人税額に16.3％（道府県民税4.2％と市町村民税12.1％の合計，いずれも制限税率です）を掛けた金額とされています。

「⑥留保控除額」は，以下の3つの金額のうち最も多い金額です。

  所得基準額 ①所得等の金額×40％

  定額基準額 年2,000万円

  積立金基準額 期末資本金×25％－期末利益積立金額（当期の所得等の金額に係る部分の金額を除く）

「⑦特別税率」は，（3）課税留保金額を次の金額に区分し，その金額に掛ける率です。「⑧税額」は区分した（3）課税留保金額に⑦特別税率を掛けた金額を合計した金額となります。

  年3,000万円以下   10％
  年3,000万円超年1億円以下 15％
  年1億円超   20％

4　解　釈

　特定同族会社は，1株主グループだけの意志により配当するかどうかを決めることができるため，配当に係る個人株主の所得税の課税を回避することが可能となっています。配当に係る所得税の課税が行われないことに対する代替的措置として，留保金課税の制度が設けられているといわれています。

5　具体的な計算例

【法人名】株式会社Z（特定同族会社）

【事業年度】平成29年4月1日～平成30年3月31日
【期末資本金の額】120,000,000円
【期末利益積立金額】25,000,000円（当期の所得等に係る金額を除く）
【所得計算】（加算を＋，減算を△としています）

当期純利益：　　　　　　　　　　　　27,000,000円
　　役員給与の損金不算入額：　　　　＋5,000,000円　（社外流出）
　　交際費等の損金不算入額：　　　　＋2,300,000円　（社外流出）
　　受取配当等の益金不算入額：　　　△400,000円　（社外流出）
　　法人税額から控除される所得税額：＋800,000円　（社外流出）
　　繰越欠損金の当期控除額：　　　　△19,085,000円　（社外流出）
所得金額：　　　　　　　　　　　　　15,615,000円

【剰余金の配当の状況】
　平成29年5月20日に決議した金額1,000,000円（前期末配当金）
　平成30年5月22日に決議する金額3,000,000円（当期末配当金）

〈留保金課税による税額計算〉

（1）　留保所得金額

① 所得等の金額

　15,615,000円（所得金額）＋400,000円（受取配当等の益金不算入額）
　＋19,085,000円（繰越欠損金の当期控除額）＝35,100,000円
　※減算・社外流出の金額をプラスします。

② 社外流出額をマイナスする計算

　35,100,000円（①所得等の金額）－5,000,000円（役員賞与）
　－2,300,000円（交際費等）－800,000円（控除所得税）
　－3,000,000円（当期末配当金）＝24,000,000円←留保所得金額
　※加算・社外流出の金額をマイナスし，当期末配当金もマイナスします。

（2） 当期留保金額

（1）－（③＋④＋⑤）＝20,389,771円

③ 当期法人税額

15,615,000円（所得金額）×23.4％＝3,653,910円

3,653,910円－800,000円＝2,853,910円

④ 当期地方法人税額

3,653,000円（所得税額控除前の法人税額を千円未満切捨）×4.4％
＝160,732円

⑤ 当期住民税額

3,653,910円（所得税額控除前の法人税額）×16.3％＝595,587円

（3） 課税留保金額

（2）－⑥＝389,000円（千円未満切捨）

⑥ 留保控除額

所得基準額　35,100,000円×40％＝14,040,000円

定額基準額　20,000,000円×12／12＝20,000,000円

積立金基準額　120,000,000円×25％－25,000,000円＝5,000,000円

∴最も多い金額　20,000,000円

（4） 特別税額

（3）×10％＝38,900円

　当期末配当金3,000,000円の金額を増加させた場合，留保所得金額がその分減少することになり，留保金課税による税額も減少する効果があります。

XIII 消費税

Q49 消費税の特例

　当社は設立2期目の法人で，今期の上半期（6ヵ月間）の課税売上高が6,000万円に達しました。上半期の課税売上高が1,000万円を超えると，翌期は免税事業者でなくなることがあると聞きましたが，当社も該当するのでしょうか。また，今期は上半期だけで課税売上高が5,000万円を超えていますが，第3期に課税事業者となる場合に，簡易課税は適用できるでしょうか。

　なお，当社は現在免税事業者で，資本金の額は900万円，第1期及び第2期の上半期の課税売上高等は以下のとおりです。

	第 1 期	第 2 期（上半期）
期　　間	X1年11月1日から X1年12月31日まで	X2年1月1日から X2年6月30日まで
課税売上高	900万円	6,000万円
給与等の金額	300万円	2,000万円

A

> SUMMARY　翌期である第3期に課税事業者となり，簡易課税の適用は可能です。

　免税事業者に該当するか否かの判定は基準期間の課税売上高に加え，特定期間の課税売上高も考慮して行いますが，簡易課税適用の可否については，特定期間の課税売上高によって行うことはないからです。

　第3期の基準期間は前々事業年度である第1期です。この期間の課税売上高は1,000万円以下ですから，基準期間の課税売上高では，免税事業者となる要件に該当しますが，特定期間である第2期の上半期の課税売上高及び給与等の支給額ともに1,000万円を超えているので，免税事業者とはなりません。

一方，基準期間である第1期の課税売上高は5,000万円以下であるため，簡易課税を適用することは可能です。

(Reference) 消法9・9の2・37

DETAIL

1 問 題 点

中小企業に対する消費税の代表的な特例としては，納税義務の免除と簡易課税制度の2つがあります。

納税義務の免除については，原則として基準期間の課税売上高によって判定しますが，たとえ基準期間の課税売上高が1,000万円以下であっても，特定期間の課税売上高が1,000万円を超えていれば，納税義務の免除の適用がないという取扱いがあります。

ここでは，特定期間の課税売上高による納税義務免除の判定はどのように行うのかという点と，この特定期間の課税売上高が簡易課税の判定に影響があるか否かという点が問題となります。

2 法令・通達

① 特定期間の課税売上高による納税義務免除の判定関係
●消費税法9条の2　前年又は前事業年度等における課税売上高による納税義務の免除の特例

> …法人のその事業年度の基準期間における課税売上高が1,000万円以下である場合において，当該…法人…のうち，当該…法人のその事業年度に係る特定期間における課税売上高が1,000万円を超えるときは，当該…法人のその事業年度における課税資産の譲渡等…については，同条第1項本文の規定は，適用しない。
> 2　前項に規定する特定期間における課税売上高とは，当該特定期間中に国内において行った課税資産の譲渡等の対価の額の合計額から，第1号に掲げる金額から第2号に掲げる金額を控除した金額の合計額を控除した残額をいう。

一　特定期間中に行った第38条第1項に規定する売上げに係る対価の返還等の金額
　　二　特定期間中に行った第38条第1項に規定する売上げに係る対価の返還等の金額に係る消費税額に63分の80を乗じて算出した金額
　3　第1項の規定を適用する場合においては，前項の規定にかかわらず，第1項の…法人が同項の特定期間中に支払った所得税法第231条第1項（給与等，退職手当等又は公的年金等の支払明細書）に規定する支払明細書に記載すべき同項の給与等の金額に相当するものとして財務省令で定めるものの合計額をもって，第1項の特定期間における課税売上高とすることができる。
　4　前三項に規定する特定期間とは，次の各号に掲げる事業者の区分に応じ当該各号に定める期間をいう。
　　一　（省略）
　　二　その事業年度の前事業年度（7月以下であるものその他の政令で定めるもの（次号において「短期事業年度」という。）を除く。）がある法人　当該前事業年度開始の日以後6月の期間
　　三　その事業年度の前事業年度が短期事業年度である法人　その事業年度の前々事業年度（その事業年度の基準期間に含まれるものその他の政令で定めるものを除く。）開始の日以後6月の期間（当該前々事業年度が6月以下の場合には，当該前々事業年度開始の日からその終了の日までの期間）

② 　簡易課税の適用可否の判定関係

●消費税法37条　中小事業者の仕入れに係る消費税額の控除の特例

> 事業者…が，その納税地を所轄する税務署長にその基準期間における課税売上高…が5,000万円以下である課税期間…についてこの項の規定の適用を受ける旨を記載した届出書を提出した場合には，当該届出書を提出した日の属する課税期間の翌課税期間…以後の課税期間（その基準期間における課税売上高が5,000万円を超える課税期間…を除く。）については，第30条から前条までの規定により課税標準額に対する消費税額から控除することができる課税仕入れ等の税額の合計額は，これらの規定にかかわらず，次に掲げる金額の合計額とする。この場合において，当該金額の合計額は，当該課税期間における仕入れに係る消費税額とみなす。

3　概　　要

　第3期の課税関係を判断するためにはまず，基準期間の課税売上高による判定で納税義務の免除の対象になるか否かを判定しなければなりません。

　第3期の基準期間は前々事業年度である第1期であり，その期間の課税売上高は1,000万円以下であるため，納税義務の免除の可能性が残ります。

　次に特定期間の課税売上高による判定を行います。

　通常，特定期間は前事業年度開始の日以後6ヵ月の期間をいい，特定期間の課税売上高とは特定期間中の課税売上高又は給与等の金額をいうものとされています。

　第3期の特定期間は前期である第2期の上半期（X2年1月1日からX2年6月30日）であり，その間の課税売上高，給与等の金額のいずれも1,000万円を超えていますので，納税義務の免除の適用はありません。したがって課税事業者となります。

　なお，第3期において簡易課税の適用があるか否かの判断は基準期間の課税売上高によって行うこととされており，特定期間の課税売上高は判定要素にありません。第1期の課税売上高は900万円ですから，5,000万円以下であり，簡易課税の適用が可能となります。

4　解　　釈

　中小企業者に対する消費税の代表的な特例措置として，納税義務の免除と簡易課税制度があり，その適用の可否判定はいずれも原則として基準期間の課税売上高によって行うこととなっています。しかし，これらの制度を利用して不当に税の軽減をはかる者があらわれたため，様々な適用除外要件が加えられるようになりました。その一つが特定期間の課税売上高による納税義務免除の可否判定です。

　基準期間の課税売上高が1,000万円以下である場合においても，その法人の

特定期間における課税売上高が1,000万円を超えるときは、納税義務の免除の規定は適用しない、とされています。なお、課税売上高に代えて、給与等の合計額で判定することもできます。

(1) 特定期間

ここで特定期間とは、法人の場合は原則として前事業年度の開始の日から6ヵ月間をいいますが、前事業年度が7ヵ月以下である場合などはこれとは異なります。

具体的には、新設法人の場合は次のようになります。ただし、第2期以降の事業年度は毎年1月1日から翌年12月31日までとします。

	設立日	特定期間	対象事業年度
ケース1	5月1日	第1期の5月1日から10月31日まで	第2期
ケース2	5月2日	第1期の5月2日から10月31日まで	第2期
ケース3	6月1日	第2期の1月1日から6月30日まで	第3期

ケース1は、第1期が7ヵ月を超えていますから、第1期の事業年度開始の日である5月1日から6ヵ月後の10月31日までが第2期の特定期間となります。

ケース2も第1期が7ヵ月を超えています。第1期の事業年度開始の日である5月2日から6ヵ月後は11月1日であり月末ではありませんが、第1期の決算期末が月末であるため、6ヵ月後である11月1日の前月の末日である10月31日が第2期の特定期間の末日になります（消令20の6①一）。

ケース3は、第1期は7ヵ月以下ですから特定期間とならず、第2期の1月1日から6月30日までが第3期の特定期間となります。

事例の場合はケース3と同様に第1期が7ヵ月以下ですから、第2期の1月1日から6月30日までが、第3期の特定期間となります。

(2) 特定期間における課税売上高

特定期間における課税売上高は，特定期間における次の2つの額のうち，いずれか少ない額とすることができます。

① 課税資産の譲渡等の対価の額の合計額－（対価の返還等の額－対価等に係る消費税×80/63）
② 給与等，退職手当等又は公的年金等の支払額の合計額

(3) 簡易課税の適用要件

納付すべき消費税の額は，通常は次のように計算します。

売上に係る消費税額－仕入に係る消費税額

しかし，一定の届出書を事前に提出することによって，実際の課税仕入れ等の税額を計算することなく，仕入れに係る消費税額を課税売上高に対する税額の一定割合として計算する制度があります。これが簡易課税制度です。課税売上高に対する税額の一定割合をみなし仕入率といい，売上げを卸売業，小売業，製造業等，サービス業等，不動産業及びその他の，6つの事業に区分し，それぞれの区分ごとのみなし仕入率を適用します。

■みなし仕入率

第一種事業（卸売業）	90％
第二種事業（小売業）	80％
第三種事業（製造業等）	70％
第四種事業（その他の事業）	60％
第五種事業（サービス業等）	50％
第六種事業（不動産業）	40％

なお，「…基準期間における課税売上高が5,000万円を超える課税期間…を除

く…」としてあるため，基準期間の課税売上高が5,000万円を超える場合は簡易課税制度の適用はありませんが，特定期間の課税売上高に関しては特に定めがないため，特定期間の課税売上高が5,000万円を超える場合であっても，簡易課税の適用の有無に影響はありません。

第3章

会社と役員間の取引上の注意点

I　会社と役員との間の不動産取引

Q50　土地の譲渡に関する注意点（会社から役員への土地の低額譲渡）

当社は，自社で所有している土地を当社の代表取締役へ売却することを予定しています。このとき課税上特別な処理が必要ないように売却するには売却額はいくらにしたらよいでしょうか。

A ....

SUMMARY　土地の売却額が土地の時価相当額であるならば課税上特別な処理は必要ありません。したがって，売却額は土地の時価相当額に設定すればよいでしょう。

Reference　法法34，法基通9－2－9

DETAIL

1　問題点・留意点

通常の第三者との取引では市場での需要と供給のバランスによって取引金額が決定されるため，取引金額はその資産の市場価値すなわちその資産の時価をあらわしていると考えられます。したがって通常の第三者との取引では取引金額で売買処理をしていれば，時価による取引となり，法人税法上特別な取扱いは必要ありません。

しかし会社の役員と法人間の取引では，両者が密接な関係にあることから取引金額に恣意性が介入しやすく，取引金額が資産の時価と乖離するケースがあります。特に資産の時価未満で役員に売却した場合には，課税上特別な処理が必要になります。

2　条文・通達

　法人が役員に対して所有資産を低い価額で譲渡した場合については，法人税法34条，法人税基本通達９－２－９に，その資産の価額と譲渡価額との差額に相当する金額は役員に対する給与に含まれるとの取扱いがあります。

3　概　　要

　土地の売却額が土地の時価未満である場合には，譲渡側の法人ではその土地の時価相当額と土地の取得価額との差額が売却損益として計上されます（法法22②）。また土地の時価相当額と売却額との差額は，代表取締役に対する臨時的な給与として取り扱われます（法基通９－２－９）。この代表取締役に対する給与は定期同額給与，事前確定届出給与又は業績連動給与のいずれにも該当しないときは損金不算入となります（**Q11**，**Q12** 参照）。

　一方，代表取締役については時価と売却額の差額が給与所得の収入金額に算入されることとなります。なおこの場合の土地の取得価額は，実際に取得に要した金額であって，給与課税された金額は含まれません。

4　解　　釈

　法人税法では営利を目的とする法人が経済合理性に従って資産の売却をすれば時価相当額による取引になるはずと考えられているため，時価課税が原則的な取扱いとなります（法法22②）。仮に時価未満の売却額による取引があった場合には，一度時価相当額による売却があり，時価相当額との差額は別途何らかの取引があったものと考え処理されることとなります。このとき取引の相手方が役員であれば役員に対する給与として，関連会社であれば関連会社に対する寄附金として扱われます。

関連解説

1　取引金額が時価相当額で行われた場合の取扱い

　土地の売却額が時価相当額である場合には，譲渡側の法人，譲受側の代表取締役ともに特別な取扱いはありません。譲渡側の法人では土地の売却額と土地の取得価額との差額を売却損益として計上し，譲受側の個人では支払金額が土地の取得価額として計上されることになります。

2　取引金額が時価相当額を超える場合の取扱い

　土地の売却額が時価よりも高い金額である場合には，譲渡側の法人ではその土地の時価相当額と土地の取得価額との差額が売却損益として計上されます。また土地の時価相当額と売却額との差額は代表取締役が法人に贈与したものと考え，受贈益として益金に算入されます。

　代表取締役個人については，土地を時価相当額で購入したという処理がされます。また時価相当額と売却額の差額は法人に対して贈与をしたと考えられるため，課税関係は生じません。

3　法人から代表取締役へ贈与があった場合

　土地を代表取締役へ贈与した場合には，譲渡側の法人ではその土地の時価相当額と土地の取得価額との差額が売却損益として計上されます（法法22②）。また，土地の時価相当額全額が代表取締役に対する給与として取り扱われます（法基通9-2-9）。

　代表取締役個人については土地の時価相当額が給与所得の収入金額に算入されることとなります。

4　土地の時価の算定

　土地の売却額と比較する土地の時価算定方法については，法人税法では特に定めてはいません。そこで実務上は以下の価格を参考に土地の時価が算定されます。

(1) 実勢価格

　実勢価格とは，実際の取引において決定された金額をいい，取引しようとする土地と類似した土地の最近の売買実例の価格をいいます。この価格による算定方法は実際の取引額に基づいて時価を算定するため，仮に第三者と取引した場合に決定される価格により近い価格を算定することができますが，売買実例のデータを収集するのが困難であるという欠点があります。

(2) 公示価格

　公示価格とは，国土交通省や都道府県が行っている地価調査による価格で，1月1日時点（都道府県の場合は7月1日）での各地域から選定された標準地の価格を地価調査することにより算定された価格をいいます。この公示価格は土地の時価の参考値としては有効な基準ですが，取引しようとしている土地が標準地から離れている場合や標準地と条件が大きく異なる場合には，参考値としての有効性も低下します。

(3) 不動産鑑定士の鑑定評価額

　不動産鑑定士により土地を鑑定してもらったときの金額です。この金額は，客観性があり，個々の条件等を加味して鑑定されたものであることから土地の時価として利用される機会も多くあります。しかし鑑定費用というコストの負担があることや，鑑定評価額が鑑定依頼者の要望に左右される可能性もあるため，必ずしも税務調査で是認される保証はないことなどの問題点もあります。

(4) 路線価による相続税評価額

　路線価とは，国税庁が相続税や贈与税の申告の際に土地評価の基準となるために設定している価格で，市街地の道路ごとに1㎡当たりの単価として公表されています。この路線価に面積を乗じ，土地の形状等による斟酌を加えることにより土地の相続税評価額が計算されます。相続税評価額は公示価格の8割を目安に設定されているといわれています。

（5） 固定資産税評価額

　固定資産税評価額とは，固定資産税を課税するためにその資産の評価額を固定資産税評価基準により計算した金額をいいます。固定資産税評価額は公示価格の7割を目安に設定されているといわれています。

Q51 土地の譲渡に関する注意点（役員から会社への土地の低額譲渡）

同族会社である当社は当社の代表取締役が所有する土地を購入することを予定しています。このとき課税上特別な処理が必要ないように購入するには，購入額はいくらにすればよいですか。

A

SUMMARY　土地の購入額が時価よりも高い場合や時価未満の場合には課税上特別な処理が必要となります。したがって，購入額は土地の時価相当額に設定すればよいでしょう。

Reference　法基通9−2−9，所法59，所令169，所基通59−3

DETAIL

1　問題点・留意点

中小企業者の多くは，同族会社となっていますが，この同族会社の役員と法人間の取引は，両者が密接な関係にあることが多いため，取引金額に恣意性が介入しやすく，取引金額が資産の時価と乖離するケースがあります。時価よりも高額な場合や時価未満の場合には，課税上特別な取扱いを受けます。特に時価よりも高額で購入する場合には法人税における役員給与の問題が生じ，時価の2分の1未満で購入する場合には所得税のみなし譲渡の問題が生じます。

2　条文・通達

法人が役員から高い価額で資産を買い入れた場合には，法人税基本通達9−2−9に，その資産の価額と購入金額との差額に相当する金額は役員に対する給与に含まれるとの取扱いがあります。

また，所得税法59条，所得税法施行令169条に個人が法人に対して時価の2

分の1未満で資産を譲渡した場合には，その時におけるその資産の価額に相当する金額により，その資産の譲渡があったとみなすとの取扱いがあります。

3　概　　要

(1)　取引金額が時価相当額を超える場合

　土地の購入額が時価よりも高い場合には，購入側の法人ではその土地の時価相当額と購入金額の差額に相当する金額が，代表取締役に対する臨時的な給与として取り扱われます（法基通9-2-9(3)）。この代表取締役に対する給与は定期同額給与，事前確定届出給与又は業績連動給与のいずれにも該当しないときは損金不算入となります（**Q11**，**Q12** 参照）。なおこの場合の土地の取得価額は土地の時価相当額となります。

　代表取締役については土地の時価相当額が譲渡所得の収入金額に，時価相当額と購入額の差額については給与所得の収入金額に算入されることとなります。

(2)　取引額が時価相当額の2分の1未満で行われた場合

　土地の購入額が時価よりも低い場合（時価相当額の2分の1未満）には，購入側の法人ではその土地の時価相当額と購入金額の差額に相当する金額が，代表取締役から贈与があったものとして，受贈益として益金に算入されます。なおこの場合の土地の取得価額は土地の時価相当額となります。

　代表取締役については譲渡対価が時価相当額の2分の1未満であるためみなし譲渡に該当し，時価相当額で譲渡したものとみなして譲渡所得の計算上時価相当額が収入金額として計算されます（所法59，所令169）。

(3)　取引額が時価相当額の2分の1以上で行われた場合

　土地の購入額が時価よりも低い場合（時価相当額の2分の1以上）には，購入側の法人ではその土地の時価相当額と購入金額の差額に相当する金額が，代表取締役からの受贈益として益金に算入されます。なおこの場合の土地の取得

価額は土地の時価相当額となります。

　代表取締役については譲渡対価が時価相当額の2分の1以上であるためみなし譲渡には該当しません。したがって，譲渡所得の計算上譲渡対価の額が収入金額として計算されます。ここで注意しなければならないのは，譲渡対価が時価相当額の2分の1以上であっても，同族会社に対する譲渡については，同族会社の行為又は計算の否認の規定に該当する可能性があることです。この規定に該当する場合には，その資産の時価相当額で譲渡所得を計算することになります（所基通59-3）。

4　解　　釈

　個人が資産を売却した場合，法人とは異なり譲渡対価による課税が原則的な取扱いとなります。これは個人の行動は必ずしも営利を目的としたものに限られないため，経済合理性に基づかない取引もありうると考えられているため時価ではなく対価による課税を原則としています。

　この原則的な取扱いの例外となるのが，みなし譲渡に該当する取引です（所法59）。みなし譲渡に該当した場合には例外として時価により課税されることとになります。ただし，例外的な取扱いのため，みなし譲渡に該当する取引は所得税法59条に掲げる取引に限定されています。

関連解説

1　取引金額が時価相当額で行われた場合

　土地の購入額が時価相当額である場合には，購入側の法人，譲渡側の代表取締役ともに特別な取扱いはありません。法人では支払金額が土地の取得価額となり，個人では譲渡対価が譲渡所得の収入金額として計算されます。

2　代表取締役から法人へ贈与があった場合

　代表取締役から法人へ贈与があった場合には，受贈側の法人ではその土地の

時価相当額の贈与があったものと考え，時価相当額が受贈益として益金に算入されます。

　一方，贈与側の個人では法人に対する贈与はみなし譲渡に該当するため，時価相当額で譲渡したものとみなして譲渡所得の計算上時価相当額が収入金額として計算されます（所法59，所令169）。

Q52　建物の賃貸借に関する注意点

　当社は事業拡大のため，新たに事業所を作る計画をしています。予定地には代表取締役がビルを所有しており，そのビルのワンフロアを借りる予定です。当社との契約では賃料を自由に設定してよいと代表取締役から言われているため，月額10万円，30万円，70万円の場合についてそれぞれ検討しています。課税上特別な処理が必要ないようにするには，どの賃料に設定すればよいでしょうか。なおこのビルの他のフロアは月額30万円で第三者に貸し付けられています。

A

SUMMARY　借りるフロアの床面積や設備，構造等が他のフロアと同等であるならば，月額30万円の賃料にすれば課税上特別な処理は必要ありません。したがって月額30万円に設定すればよいでしょう。

Reference　法基通9－2－9

DETAIL

1　問題点・留意点

　賃貸借取引も売買取引と同様に，会社の役員と法人間の密接な関係から取引金額に恣意性が介入しやすく，取引金額が時価と乖離するケースがあります。特に通常支払うべき賃料よりも高額な賃料を支払う場合には，課税上特別な処理が必要になるため注意が必要です。

2　条文・通達

　法人税基本通達9－2－9に，「法人の行為で実質的にその役員等に給与を支給したのと同様の経済的効果をもたらすものについては役員給与に含まれる」

との取扱いがあります。

3　概　要

(1)　月額30万円の場合の処理

　月額30万円の賃料の場合には，時価相当額による取引と考えられます。したがって法人・個人ともに特別な処理は必要ありません。

　経理処理を仕訳で示すと次のとおりです。

法人側の処理	個人側の処理
支払賃料　30万円／現　　金　30万円	現　　金　30万円／受取賃料　30万円

(2)　月額70万円の場合の処理

　月額70万円の賃料の場合には，時価相当額よりも高額な取引として処理されます。法人側では，支払った金額のうち時価相当額である30万円が支払賃料として損金算入され，時価相当額を超える40万円が役員に対する経済的利益の供与として役員給与とされます。この役員給与については定期同額給与等に該当するとき以外は損金不算入となります。

　個人側では，受け取った金額のうち時価相当額である30万円については受取賃料として不動産所得の総収入金額に算入されます。時価相当額を超える40万円については，給与所得の収入金額に算入されます。

　経理処理を仕訳で示すと次のとおりです。

法人側の処理	個人側の処理
支払賃料　30万円／現　　金　70万円 役員給与　40万円／	現　　金　70万円／受取賃料　30万円 　　　　　　　　　／給与収入　40万円

(3) 月額10万円の場合の処理

月額10万円の賃料の場合には，時価相当額未満の取引として処理されます。法人側では，時価相当額である30万円が支払賃料として損金算入され，時価相当額と支払額の差額20万円は受贈益として益金処理されます。結果として差引10万円のみが損金となります。

個人側の処理は，受け取った金額10万円が受取賃料として不動産所得の総収入金額に算入されるのみで，時価相当額30万円と受け取った金額10万円の差額20万円については特別な処理は必要ありません。

経理処理を仕訳で示すと次のとおりです。

法人側の処理	個人側の処理
支払賃料　30万円／現　　金　10万円 　　　　　　　　　／受贈益　20万円	現　　金　10万円／受取賃料　10万円

4　解　釈

法人税基本通達9-2-9には，役員に対して通常支払うべき賃料よりも高額の賃料を支払った場合の取扱いは直接規定されていません。しかし，通常支払うべき賃料よりも高額な賃料を支払った場合には，実質的に給与を支給したのと同様の経済効果があるため，通常支払うべき賃料と実際支払った賃料の差額については役員給与に含まれると解されます。

関連解説

法人から代表取締役へ貸し付けた場合の処理

本事例の物件を法人が所有しており，代表取締役へ貸し付ける場合の処理は次のようになります。

(1) 月額30万円の場合の処理

月額30万円の賃料の場合には、時価相当額による取引と考えられます。したがって法人・個人ともに特別な処理は必要ありません。

経理処理を仕訳で示すと次のとおりです。

法人側の処理	個人側の処理
現　　金　30万円／受取賃料　30万円	支払賃料　30万円／現　　金　30万円

(2) 月額70万円の場合の処理

月額70万円の賃料の場合には、時価相当額よりも高額な取引として処理されます。法人側では、受け取った金額のうち時価相当額である30万円が受取賃料として益金算入され、時価相当額を超える40万円は受贈益として益金算入されます。結果として受け取った金額全額が益金として処理されます。

個人側では、支払った金額のうち時価相当額である30万円について支払賃料として処理されますが、時価相当額を超える40万円については法人に対する寄附金となりますので特別な処理は必要ありません。

経理処理を仕訳で示すと次のとおりです。

法人側の処理	個人側の処理
現　　金　70万円／受取賃料　30万円 　　　　　　　　／受 贈 益　40万円	支払賃料　30万円／現　　金　70万円 事業主貸　40万円／

(3) 月額10万円の場合の処理

月額10万円の賃料の場合には、時価相当額未満の取引として処理されます。法人側では、時価相当額である30万円が受取賃料として益金算入され、受け取った金額と時価相当額の差額の20万円については役員に対する経済的利益として役員給与とされます。

個人側では、支払った金額10万円が支払賃料として処理され、時価相当額と

の差額の20万円は給与所得の収入金額に算入されることになります。

経理処理を仕訳で示すと次のとおりです。

法人側の処理	個人側の処理
現　　金　10万円 ／ 受取賃料　30万円 役員給与　20万円 ／	支払賃料　10万円 ／ 現　　金　10万円 事業主貸　20万円 ／ 給与収入　20万円

Ⅱ 会社の役員との間の土地賃貸借取引

Q53 権利金の授受がない場合

　当社は，当社の代表取締役社長が所有している更地の上に新たに法人所有の建物を建築しようと計画しています。この土地については社長との間で賃貸借契約を締結する予定ですが，その際権利金を支払うべきかどうか迷っています。権利金の支払いがない場合の原則的な課税関係を教えてください。なお，この土地は権利金の授受の慣行のある地域にあります。

A

SUMMARY> 権利金の支払いがない場合には，法人については借地権の贈与を受けたとして，借地権の価額に相当する金額が益金に算入されます。なお，相当の地代の支払いがある場合や無償返還の届出を提出している場合には権利金の認定課税はありません。また代表取締役については，法人に対する贈与となりますが，課税関係は生じません。

(Reference)　法法22②，所法59，所基通59-5

DETAIL>

1　問 題 点

　一般に，土地所有者が借地権の設定により他人に土地を使用させる場合には，借地人が強い権利を有することや土地の価額が値上がりしても地代を値上げできる保証がないこと等の理由から，土地の価額はいわゆる底地価額まで低下すると考えられています。このため借地権の設定に際しては，設定の対価として相応の権利金を授受する取引慣行が存在し，法人税法でも権利金を授受することが正常な取引であると考えられています。このため借地権を設定する場合において，権利金の支払いがなかったときには，原則として，その代表取締役か

ら法人に対して借地権相当額の贈与があったとして課税の問題が生じてきます。

2　条文・通達

法人税法22条2項に「各事業年度の所得の金額の計算上当該事業年度の益金の額に算入すべき金額は，別段の定めがあるものを除き，資産の販売，有償又は無償による資産の譲渡又は役務の提供，無償による資産の譲受けその他の取引で資本等取引以外のものに係る当該事業年度の収益の額とする。」と規定されています。

3　概　要

権利金の支払いがなかった場合には，権利金の認定課税が行われます。この場合，借地人である法人側では借地権の贈与を受けたものとして，借地権の価額に相当する金額が益金の額に算入されます（法法22）。

地主である個人側では，法人に対する贈与となりますが，何も課税関係は生じません（所法59，所基通59-5）。

4　解　釈

「1　問題点」でも触れたように，法人税法では借地権の設定の際には，設定の対価として相応の権利金を支払うことが正常な取引であると考えています。このため本来なら支払うべき権利金を支払わなかったということは，その分についての贈与を受けたと考え，無償による資産の譲受けとして課税が生じます。

一方，個人については法人に対して借地権を贈与したと考えられることから，みなし譲渡（所法59）の適用があるのではないかと疑われます。しかし借地権の設定は「譲渡所得の起因となる資産の移転」には含まれないため（所基通59-5），みなし譲渡には該当しません。

関連解説

1　権利金の支払いがあった場合の課税関係

権利金の支払いがあった場合には，権利金の認定課税は行われません。借地人である法人は支払った権利金の額が借地権の取得価額になるという処理がされます。

地主である代表取締役は，権利金の額が土地の更地価額の2分の1以下であるかどうかにより処理が異なってきます。

権利金の額が土地の更地価額の2分の1を超える場合には，借地権の設定は資産の譲渡とみなされ，支払いを受けた金額は譲渡所得の収入金額に算入されます（所令79）。

このとき下記の算式により計算した金額は取得費として譲渡所得の計算上控除することができます。

$$その土地の取得費 \times \frac{権利金等の額}{権利金等の額 + 底地価額} = 取得費$$

権利金の額が土地の更地価額の2分の1以下である場合には，支払いを受けた金額は不動産所得の総収入金額に算入されます（所法26）。

この場合その権利金が3年以上の期間不動産を貸し付けることにより一時に受けるもので，その金額がその不動産の使用料年額の2倍以上であるときは，その権利金の収受に係る所得は臨時所得に該当することになり（所令8二），平均課税制度における平均課税対象金額を構成することになります（所法90③）。

2　相当の地代

相当の地代（**Q54**参照）とは，土地の更地価額（権利金を授受しているとき又は特別の経済的利益の額があるときは，これらの金額を控除した金額）に対しておおむね年6％程度のものをいいます。この相当の地代の収受があった場合には，権利金の認定課税は行われません。

3　無償返還の届出

　一定の事項を記載した届出書を借地人・地主の連名で納税地の所轄税務署長に提出した場合には、権利金の認定課税はありません。

4　権利金慣行の経緯

　借地権の設定とは、土地の所有者が他の者に対してその土地を使用収益することを許諾することをいい、一般的には、地上権の設定契約又は土地の賃貸借契約の締結によってその設定が行われますが、現実の土地の賃借が地上権の設定契約の形をとることはごく稀で、賃貸借契約によって土地の使用を認めることが大半となっています。

　この賃貸借契約に基づく賃借権は、本来債権であって、地上権のように物権としての独立排他性はありません。しかし、特に建物の所有を目的とする借地権については、旧借地法等により強固な保護が図られており、賃借権という債権であったとしても物権と同じような法的地位・経済的地位を持つようになりました。

　このように借地人の地位が高まる一方、地主については相対的に法的地位・経済的地位は大きく後退することになりました。すなわち、一度借地権を設定して土地を使用させた以上は、なかなか土地の返還を求めえないこととなるばかりか、将来土地の価額が値上がりしても、それに見合った地代を要求することも難しくなりました。そこで地主側では、自衛の手段として借地権設定の際に権利金を要求するようになり、それが慣行化されました。

Q54 相当の地代

　法人が所有している土地に代表取締役所有の建物を建築しようと計画しています。この土地については代表取締役と賃貸借契約を締結する予定ですが，代表取締役の資金繰りの関係上権利金の授受ができません。そこで権利金の支払いに代えて毎年の地代の額を多めに設定することとしましたが，この場合でも権利金の認定課税があるのでしょうか。なお，この土地は権利金の授受の慣行のある地域にあります。

A ....

SUMMARY　実際に支払う地代が相当の地代と認められるとき又は無償返還の届出を提出したときは，権利金の認定課税はありません。

Reference　法令137，法基通13-1-2

DETAIL

1　問題点

　借地権の設定の際に権利金の授受がない場合には，原則として，その当事者間で権利金相当額の贈与があったとして権利金の認定課税が行われます。しかし，権利金の授受がないからといって一律に権利金の認定課税が行われるというのも実情に即しているとはいえず，また権利金と地代は代替関係にあることから，相当の地代の支払いがあった場合には，その取引は正常な取引条件でなされたものとして，権利金の認定課税は行われないこととしています。そこで支払う地代が相当の地代に該当するか否かが問題となります。

2　条文・通達

●**法人税法施行令137条　土地の使用に伴う対価についての所得の計算**

> 　借地権（地上権又は土地の賃借権をいう。以下この条において同じ。）若しくは地役権の設定により土地を使用させ、又は借地権の転貸その他他人に借地権に係る土地を使用させる行為をした内国法人については、その使用の対価として通常権利金その他の一時金（以下この条において「権利金」という。）を収受する取引上の慣行がある場合においても、当該権利金の収受に代え、当該土地（借地権者にあっては、借地権。以下この条において同じ。）の価額（通常収受すべき権利金に満たない金額を権利金として収受している場合には、当該土地の価額からその収受した金額を控除した金額）に照らし当該使用の対価として相当の地代を収受しているときは、当該土地の使用に係る取引は正常な取引条件でされたものとして、その内国法人の各事業年度の所得の金額を計算するものとする。

3　概　　要

　相当の地代とは、土地の更地価額（権利金を授受しているとき又は特別の経済的利益の額があるときは、これらの金額を控除した金額）に対しておおむね年6％程度のものをいいます。この土地の更地価額は、その借地権設定時におけるその土地の更地としての通常の取引価額をいいますが、課税上弊害がなければ、その土地の近傍類地の公示価格から合理的に算定した価額や相続税評価額（又は相続税評価額の過去3年間の平均額）によることもできます（法基通13-1-2）。そこで支払う地代が相当の地代であるならば、権利金の授受がなくても権利金の認定課税はありません。

関連解説

1　権利金の支払いがあった場合

　適正な権利金の支払いがあった場合には、権利金の認定課税はありません。

地主である法人は受け取った権利金の額が権利金収入として益金の額に算入されます。借地人である代表取締役は支払った権利金の額が借地権の取得価額となります。なお適正な額の権利金とは通常取引される権利金の額をいいます。

適正な権利金よりも低い金額での権利金の収受があった場合には，法人では適正な権利金の額に相当する金額が権利金収入として益金の額に算入され，適正な額と実際に収受した権利金の額との差額は役員に対する臨時的な給与として処理されますが，定期同額給与等に該当しないときは損金不算入となります。

代表取締役は実際に支払った権利金の額が借地権の取得価額となり，適正額と実際に支払った金額との差額は給与所得の収入金額に算入されます。

2　相当の地代の収受があった場合

相当の地代の収受があった場合には，権利金の認定課税は行われません。地主である法人は受け取った賃料の金額が受取賃料として益金の額に算入され，借地人である個人は支払った賃料の金額が支払賃料として処理されます。

3　相当の地代の改訂

権利金の授受に代えて，相当の地代の額を授受することとしたときには，地代の額の改訂方法につき次の(1)又は(2)のいずれかの方法を記載した「相当の地代の改訂方法に関する届出書」を借地人等との連名の書面により遅滞なくその法人の納税地の所轄税務署長に提出することになります（法基通13-1-8）。

(1) その借地権の設定等に係る土地の価額の上昇に応じて，おおむね3年以下の期間ごとにその収受する地代の額を相当の地代の額に改訂する方法

(2) 地代据置き等(1)以外の方法

なお届出書を提出しない場合には，(2)の方法を選択したものとされます。

4　相当の地代に満たない地代の収受があった場合

相当の地代の額に満たない地代を収受している場合には，権利金の認定課税が行われます。その金額については，次の算式により計算した金額から実際に

収受している権利金の額及び特別の経済的な利益の額を控除した金額とされます（法基通13-1-3）。

$$土地の更地価額 \times \left(1 - \frac{実際に収受している地代の年額}{相当の地代の年額}\right)$$

　地主である法人は上記算式により計算した金額が権利金収入として益金に算入されます。また同額が役員に対する臨時的な給与として処理されますが，定期同額給与等に該当しないときは損金不算入となります。

　代表取締役については上記算式により計算した金額が給与所得の収入金額として処理されます。

5　相当の地代を引き下げた場合の権利金の認定課税

　法人が借地権の設定により他人に土地を使用させ，これにより相当の地代を収受した場合においても，その後その地代を引き下げたときは，その引き下げたことについて相当の理由があると認められるときを除き，原則としてその引き下げた時においてその時におけるその土地の価額を基礎として上記4の算式により計算した金額を贈与したものとして，権利金の認定課税が行われます。なお，地代を引き下げたことについての相当の理由とは，例えば権利金の一部を授受することや土地の価額が下落した場合などがあります。

6　無償返還の届出

　一定の事項を記載した届出書を借地人・地主の連名で納税地の所轄税務署長に提出した場合には，権利金の認定課税はありません。

Q55　無償返還の届出がある場合（法人地主）

　法人が所有している土地に代表取締役である社長所有の賃貸用建物を建築しようと考えていますが、社長が資金難で法人に対して権利金の支払いができません。相当の地代の支払いができればよいのですが、それも難しい状況にあります。権利金の認定課税を受けないようにするには何か方法はないでしょうか。

A

SUMMARY　権利金の支払いがなく相当の地代を支払っていない場合でも、土地の無償返還の届出を提出すれば権利金の認定課税は行われません。

Reference　法基通13-1-7

DETAIL

1　問題点

　借地権の設定等により他人に土地を使用させた場合において、権利金や特別の経済的な利益を受けておらず、かつ、収受する地代が相当の地代に満たないときは権利金の認定課税の問題が発生します。

2　条文・通達

●法人税基本通達13-1-7　権利金の認定見合せ

　法人が借地権の設定等により他人に土地を使用させた場合（権利金を収受した場合又は特別の経済的な利益を受けた場合を除く。）において、これにより収受する地代の額が…相当の地代の額に満たないとき…であっても、その借地権の設定等に係る契約書において将来借地人等がその土地を無償で返還することが定められており、かつ、その旨を借地人等との連名の書面により遅滞なく当

> 該法人の納税地の所轄税務署長（国税局の調査課所管法人にあっては，所轄国税局長…）に届け出たときは，…当該借地権の設定等をした日の属する事業年度以後の各事業年度において，…相当の地代の額から実際に収受している地代の額を控除した金額に相当する金額を借地人等に対して贈与したものとして取り扱うものとする。

3　概　　要

　無償返還の届出書を提出した場合には権利金の認定課税はありません。このため地主である法人，借地人である個人ともに権利金に関しては何ら処理の必要はありません。

　地代の処理については，地主である法人は相当の地代の金額を受取賃料として益金に算入します。また相当の地代と実際に収受した地代との差額については代表取締役に対する役員給与として処理されます。この代表取締役に対する給与は定期同額給与等に該当しないときは損金不算入として処理されます。

　借地人である代表取締役は，実際に支払った賃料が支払賃料として不動産所得の計算上必要経費に算入されます。また相当の地代と実際に支払った地代との差額については給与所得の計算上収入金額に算入されます。

4　解　　釈

　法人が借地権の設定により他の者に土地を使用させた場合，通常収受すべき権利金も相当の地代も収受しないときは，権利金の認定課税をするというのが原則的な取扱いとなっています。

　この取扱いは，会社とその代表者のように特殊な関係者間では，恣意的な利益の移転が図られることが多いため，その課税の適正化と不当な利益の移転に対する抑止力として一定の機能を果たしていると考えられます。

　ただ，いわゆる権利金収受の慣行は利害の対立する地主と借地人の権利関係

を調整することを目的として派生してきたものであることを考えると、もともと利害が共通する関係者間についても一律に権利金の認定課税をすることは経済実態に即さないという面もあります。

そこで税務上もこのような経済実態にあわせて、当事者間において将来借地権の主張がなされないことがあらかじめ明確にされている場合には、毎年の地代につき実際収受する地代と相当の地代の差額につき認定課税をするにとどめ、権利金の認定課税は見合わせることとなっています。

ただし、この取扱いは、当事者間において借地権の主張がされないことを前提としているので、たとえ一部でも権利金を収受し、又は特別の経済的利益を受ける場合には適用がありません。

<u>関連解説</u>

1 無償返還の届出書

無償返還の届出書には、次に掲げる事項を記載して法人の納税地の所轄税務署長に提出します。

- 土地の所在地、地目、面積
- 借地権等の設定等に係る契約書において将来借地人等がその土地を無償で返還する旨
- 土地の所有者、借地人等の氏名
- 契約の種類
- 土地の使用目的
- 契約期間
- 建物等の種類、構造及び用途
- 建築面積等
- 土地の価額、地代の年額

なお、この無償返還の届出書を提出した場合の取扱いについては、地主が個人で法人が借地人であっても同様となります。

2　権利金の認定課税

　権利金の認定課税があるか否かは，まずその土地が権利金の授受の慣行のある地域にあるかどうかを判定します。その土地が権利金の授受の慣行のある地域である場合には，相応の権利金の授受があったか否かを判定します。相応の権利金の授受がなかった場合には，相当の地代が支払われているか否かを判定し，相当の地代に満たない地代の支払いでかつ土地の無償返還の届出を提出していないときは権利金の認定課税があります。

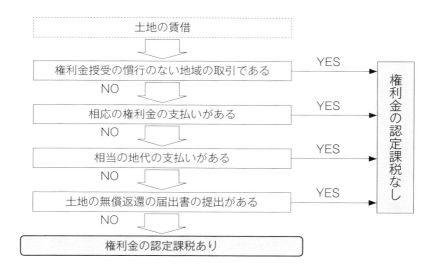

Q56 無償返還の届出がある場合（個人地主）

当社は地主である社長と連名で無償返還の届出を提出している資本金1,000万円の株式会社です。社長に対する年間の地代を，社長の好意により相場より低額で設定することとしたのですが，課税上何か問題はありますか。

なおこの土地の更地価額はここ数年間1億円で，地代として考えている金額は年間300万円です。

A

SUMMARY　無償返還の届出を提出しているため，権利金の認定課税はありません。また，地代についても課税上問題となる点はありません。

Reference　法基通13-1-7，所法26

DETAIL

1　問題点

借地権の設定等により他人に土地を使用させた場合において，権利金や特別の経済的な利益を受けておらず，かつ，収受する地代が相当の地代に満たないときは権利金の認定課税の問題が発生しますが，一定の事項を記載した無償返還の届出を提出しているならば権利金の認定課税は見合わせられます。しかし地代については，相当の地代の額から実際に収受している地代の額を控除した金額に相当する金額を借地人等に対して贈与したものとして取り扱うため，課税上の処理が問題となります。

2　条文・通達

●法人税基本通達13-1-7　権利金の認定見合せ

> 法人が借地権の設定等により他人に土地を使用させた場合（権利金を収受した場合又は特別の経済的な利益を受けた場合を除く。）において，これにより収受する地代の額が…相当の地代の額に満たないとき…であっても，その借地権の設定等に係る契約書において将来借地人等がその土地を無償で返還することが定められており，かつ，その旨を借地人等との連名の書面により遅滞なく当該法人の納税地の所轄税務署長（国税局の調査課所管法人にあっては，所轄国税局長…）に届け出たときは，…当該借地権の設定等をした日の属する事業年度以後の各事業年度において，…相当の地代の額から実際に収受している地代の額を控除した金額に相当する金額を借地人等に対して贈与したものとして取り扱うものとする。

3　概　要

　無償返還の届出を提出している場合には，実際に収受される地代が相当の地代より低い場合であっても権利金の認定課税はありません。しかし地代については，実際に収受される地代と相当の地代との差額を，借地人に対して贈与があったものとして取り扱うこととされています（法基通13-1-7）。

　法人が借地人である場合には，実際に支払った地代と相当の地代との差額が社長から贈与されたものとして益金処理されます。

　しかし相当の地代に相当する金額が支払地代として損金処理されますので，結果として益金と損金が相殺され，特別な処理は必要ありません。

　社長個人の処理については，実際に支払いを受けた地代の金額が不動産所得の総収入金額に算入されることになります（所法26）。また支払いを受けた地代の金額と相当の地代の額との差額については法人に対する寄附となりますので課税関係は発生しません。

　経理処理を仕訳で示すと次のとおりです。

法人側の処理	個人側の処理
支払地代　600万円／現　　金　300万円 　　　　　　　　　　／受贈益　300万円	現　　金　300万円／受取地代　300万円

（注）　相当の地代の額：1億円×6％＝600万円

関連解説

法人が地主の場合の課税関係

　権利金については、法人が地主の場合でも個人が地主の場合と同様に認定課税はありません。しかし地代についての処理は法人が地主の場合は特別な処理が必要となってきます。

　法人では相当の地代に相当する金額が受取地代として益金算入されます（法法22②）。また相当の地代と実際に支払いを受けた金額との差額は役員に対する給与として処理されます。このときその役員給与が定期同額給与等に該当しないときは損金不算入として処理されることとなります。

　一方、地主である個人は実際に支払った金額が支払賃料として処理され、相当の地代と実際に支払った地代との差額が給与所得の収入金額として課税されることとなります。

　経理処理を仕訳で示すと次のとおりです。

法人側の処理	個人側の処理
現　　金　300万円／受取地代　600万円 給　　与　300万円／	支払地代　300万円／現　　金　300万円 事業主貸　300万円／給与収入　300万円

第4章

同族会社等の行為
又は計算の否認

Q57　規定の内容

　当社は社長や社長の親族が株主の同族会社である中小企業者です。同族会社の場合，申告をしても否認されることがあると聞きましたが，本当なのでしょうか。

A

SUMMARY　同族会社の行為又は計算で，法人税の負担を不当に減少させることとなるものについては，税務署長は，その行為又は計算にかかわらず，法人税の課税標準等を計算して，更正等をすることができます。

Reference　法法132①

DETAIL

1　問題点

　税務署長には同族会社の行為又は計算で，法人税の負担を不当に減少するものについて否認して更正等を行う権限が与えられています（「行為又は計算の否認」といいます）。そのため，会社が適切な計算に基づき申告したつもりであっても，税務署がこれを認めないとした場合には課税を受ける可能性があります。

2　条文・通達

●法人税法132条1項　同族会社等の行為又は計算の否認

　税務署長は，次に掲げる法人に係る法人税につき更正又は決定をする場合において，その法人の行為又は計算で，これを容認した場合には法人税の負担を不当に減少させる結果となると認められるものがあるときは，その行為又は計算にかかわらず，税務署長の認めるところにより，その法人に係る法人税の課

> 税標準若しくは欠損金額又は法人税の額を計算することができる。
> 一　内国法人である同族会社
> 二　イからハまでのいずれにも該当する内国法人
> 　イ　3以上の支店，工場その他の事業所を有すること。
> 　ロ　その事業所の2分の1以上に当たる事業所につき，その事業所の所長，主任その他のその事業所に係る事業の主宰者又は当該主宰者の親族その他の当該主宰者と政令で定める特殊の関係のある個人（以下この号において「所長等」という。）が前に当該事業所において個人として事業を営んでいた事実があること。
> 　ハ　ロに規定する事実がある事業所の所長等の有するその内国法人の株式又は出資の数又は金額の合計額がその内国法人の発行済株式又は出資（その内国法人が有する自己の株式又は出資を除く。）の総数又は総額の3分の2以上に相当すること。
> （省略）

3　概　　要

　この規定には次のようなポイントがあります。

① 　同族会社の行為又は計算であること

　行為又は計算を行ったものが同族会社であることが要件になります。一部の例外はありますが，基本的に非同族会社の行為又は計算についてはこの規定の適用はありません。なぜ同族会社のみにこの規定の適用があるかについては，Q58で詳しく解説しますが，同族会社は非同族会社よりも租税回避行為を容易に行うことができるためと考えられています。

② 　これを容認した場合には法人税の負担を減少させること

　その行為又は計算が法人税の負担を減少させることが要件ですので，法人税の負担が変わらない又は増加する行為については適用されません。

　また，同族会社の株主等の所得税や相続税，贈与税の負担が減少する行為についても適用がありません。

なお，所得税法，相続税法にそれぞれ同様の規定があります。

③ その減少は不当と評価されるものであること

法人税の負担を減少させる行為又は計算のすべてが該当するわけではなく，その行為又は計算が不当であると認められる場合に適用があります。

例えば，利益が大きく見込まれる場合には必要経費の支出を前倒しして利益を圧縮するなどの決算対策は実務でもよく見られます。

確かに法人税の負担を減少させる行為ですが，このようなことまで税務署が介入しては会社の経営判断の余地がなくなってしまいます。

この規定の趣旨は租税回避行為の防止であり，通常では考えられない不自然な取引による行為又は計算について否認するものですので，決算対策など税負担が減少する行為又は計算すべてが認められないというものではありません。

また，不当に減少させる「結果となる」とされていますので，会社が租税回避を目的としているか否かを問わず，会社自身が不当であることを認識しているかどうかも問いません。

不当であるか否かを判断するのは税務署長ですが，納税者との見解の相違により，多くの税務訴訟が起きていることからも，その判断が非常に難しいことがよくわかります。

4　解　釈

私法上，形式的に適法であるからといって，通常では選択しえない会社の行為で税負担を軽減させる租税回避行為まで認めてしまっては，税負担の公平性に問題が生じてしまいます。

このような行為又は計算を一度なかったものとして，通常考えられる行為又は計算に引き直して法人税の課税標準等を計算する権限を税務署長に与えることで，税負担の公平を維持することとしています。

関連解説

　租税回避行為とは税負担を回避及び軽減する行為ですが，隠ぺいや仮装などにより事実を秘匿し，税負担を違法に免れる「脱税」とは異なります。

　一方で，使用人に決算賞与を支給するなど，会社の経営判断により，必要経費を支出することで利益を減らして，税負担を軽減させる「節税」とも同一ではありません。

　つまり，形式的には適法の行為ですが，経済的に不合理な行為をあえて選択することで税負担を軽減させる行為が租税回避行為であるといえます。

　このような行為が横行しては税負担の公平が図れないために，同族会社の行為又は計算の否認規定が設けられています。

Q58　同族会社にだけ適用がある理由

　同族会社にだけ「行為又は計算の否認」という規定があるのはなぜですか。

A

SUMMARY　同族会社は会社の経営権が少数の同族関係者に独占されるため、意思決定が恣意的なものになりやすく、非同族会社では行えないような租税回避行為も容易に行うことができると考えられるためです。

DETAIL

1　問題点

　同族会社では、少数の株主関係者の意思がそのまま経営に反映されるため、租税回避を目的として不自然な行為を選択しやすいといえます。

　また、租税回避を意図していなくても、株主や経営者あるいは関連会社との取引は恣意的なものになりがちです。それが第三者との取引など通常の取引との乖離があり、税負担の軽減になっていれば否認される可能性がありますので注意が必要です。

2　概要

　非同族会社の場合、多数かつ多様な株主によって支配されており、経営者についても株主自身ではなく、株主から委任を受けた専門経営者であることも少なくありません。多くの利害関係者が存在するなかで、株主や経営者は会社の意思決定を行います。そのため、非同族会社の行為又は計算は、利害関係者同士が自己の利害を巡って綱引きをした結果、調整機能が働いた合理的な判断に基づくものであると考えられます。

これに対し，同族会社の場合は，少数の株主により支配されており，株主も親族であるため利害関係が一致ないしは近いものになります。経営者自身も株主であることがほとんどです。

　このように同族会社においては，少数の株主や関係者が会社の意思決定権を独占していますので，その者達の意思次第で租税回避のための不自然，不合理な行為又は計算を容易に選択することができるといえます。

3　解　釈

　同族会社は非同族会社に比べて租税回避行為が行われやすいと考えられることから，同族会社のみに行為又は計算の否認という納税者にとって厳しい規定を設けて適用することで，「税負担の公平性」のバランスをとっています。

　「税負担の公平性」を示した下記のような裁判例があります。

> **判例**
>
> （東京高裁昭和34年11月17日判決，TAINS Z029-0826）
> 　元来株式が多数の株主によって所有され又は多数の社員が出資金を分散出資している一般の会社にあっては，株主又は社員は相当数いて，その者等は必ずしも常に利害が一致していない関係にあるので，それらの者の協議によって会社の意思が決定されるさいでも，反対の者の意思，殊にそれが公正なものであれば，それが反映し，一部の者の意思のみによってそれが決定されるということは比較的少ない。これに対しいわゆる同族会社は，首脳者又は少数の株主若しくは社員が多数の議決権を有する会社であるから，比較的利害を同一にしているこれらの者の意思によって会社の行為又は計算を自由に左右することができ，会社と個人を通じて租税負担を不当に軽減することも比較的容易である。そこで課税の公平を期するために，同族会社の行為又は計算の否認の規定が設けられているわけである。
>
> （鹿児島地裁昭和50年12月26日判決，TAINS Z083-3688）
> 　非同族会社においては会社と社員，あるいは社員相互の利害対立を通じて，

当該法人の所得，法人税の負担をことさら減少させるような行為がなされにくいのに対し，同族会社においては，その経営権が一部の社員に独占されているため，いわゆる「隠れた利益処分」等の合理的理由を欠き，当該法人の所得，法人税の負担を減少させる行為がなされやすく，これを放置するにおいては，租税負担の公平の原則に反することとなるからであり，同族会社のかかる行為のうち「不当」に法人税の負担を減少させるものについて，右のとおり規定したものである。

Q59 不当に減少させる場合

「同族会社の行為又は計算の否認」規定の中で、「不当に減少させる」とはどのような場合をいうのでしょうか。

A

> **SUMMARY** その行為又は計算が経済的・実質的視点からみて不自然・不合理であり、その結果、税負担が減少した場合をいいます。なお、租税回避等の目的あるいは不当性に関する認識を有していることは要件としません。

> **DETAIL**

1 問題点

不当になるかどうかは条文上、明記されていないため、その行為又は計算に合理性がないと判断されれば、思いもよらないところで否認される可能性があります。

2 概　要

法人の経済活動は複雑かつ多様であり、常に変化するものですので、そのすべてを想定して、租税回避を防止する規定を個別に設けることは非常に困難です。

行為又は計算の否認規定は、現在は個別規定が存在しないような想定外の租税回避行為に対応するための包括規定という性格を持っています。そのため、判断基準について画一的に定めることはなじまないため、条文上には明記されていません。

しかし、判例では、経済人の行為として不合理、不自然なものと認められるかどうかを判断基準としているものが多く見られます。

株式会社は営利を目的としていますから，利益を追求する行動が合理的であり，自然なものとなります。つまり，通常の取引では考えられないような会社の収益を減少させる行動あるいは費用を増加させる行動をあえて選択することは不合理，不自然なものであり，それが法人税の負担を減少させる結果となるならば，不当に減少させる場合に該当することになります。

　昭和44年の改正で削除されましたが，改正前の法人税取扱通達（昭25直法1-100）の355には，同族会社の行為又は計算の否認の類型として以下のものがあげられていました。

（一）　現物出資の資産の価額を時価より高額で計算した場合
（二）　社員が所有する資産を時価よりも高価で買入した場合
（三）　法人が所有する資産を時価よりも低価で社員に売却した場合
（四）　社員の個人的地位に基く寄附金を支出した場合又は社員の家事費用を法人が負担した場合
（五）　社員が所有する邸宅，別荘のような無収益財産を譲り受け，維持費等の費用を負担した場合
（六）　社員に対し支給した給与が過大である場合
（七）　業務に従事していない社員に対し給与を支給した場合
（八）　社員に無償又は低額で金銭その他の資産を貸付けた場合
（九）　社員から金銭その他の資産を高額で借受けた場合
（十）　現物出資を受けた不良債権等を貸倒れ処理した場合
（十一）　同じ社員が主宰する他の同族会社の債務を無償で引き受けた場合

　しかし，この類型に該当していても行為又は計算の否認が不当とされた裁判例があります。これは（八）に該当し，監査役を会社所有の物件に無償で住まわせていたことに対する行為又は計算の否認についての判例で，判決の要旨は次のとおりです。

> **判例**
>
> (東京地裁昭和42年2月8日判決)
> 　会社所有建物に監査役を無償で居住させているが，監査役はこれを私用に供していたのではなく，常駐の宿直員として居住し，しかも事務所，職人の食事の調理，食堂，臨時使用人の宿泊の用にも使用せられていたのであって，その使用方法は他人に対する賃貸よりも会社にとって有益であることが認められるから，法人税法30条1項〔現　法法132①〕の「法人税の負担を不当に減少させる結果となる」場合に該当しない。

　このように，行為又は計算の否認の適用は判断が非常に難しく，定型の基準がありませんので，その取引が経済的・実質的に見て不自然・不合理でないかを個別に検討する必要があります。

3　解　釈

　行為又は計算の否認規定は個別規定の穴を埋めるための包括規定という性格上，明確な判断基準が示されていません。不当であるかどうかは，事例ごとに純経済人として会社が選択すると想定される行為と比較して判断する必要があります。
　これらの判断等を示した下記のような裁判例があります。

> **判例**
>
> (東京地裁昭和40年12月15日判決，TAINS Z041-1442)
> 　元来，法人税法は，法人が純経済人として，経済的に合理的に行為計算等を行なうべきことを前提として，かような合理的行為計算に基づき生ずべき所得に対し課税し，租税収入を確保しようとするものであるから，法人が通常経済的に合理的に行動したとすればとるべきはずの行為計算をとらないで法人税回避もしくは軽減の目的で，ことさらに不自然，不合理な行為計算をとることに

より，または直接法人税の回避軽減を目的としないときでも，経済的合理性をまったく無視したような異常，不自然な行為計算をとることにより，不当に法人税を回避軽減したこととなる場合には，税務当局は，かような行為計算を否認して，経済的に合理的に行動したとすれば通常とったであろうと認められる行為計算に従って課税を行ないうることは当然である。

　不自然，不合理な行為計算によって不当に法人税の回避，軽減を図ったものと認められるかどうかは，当該行為計算が民法・商法その他の税法以外の法律の見地において不適当とされるものであるかどうかによりこれを決すべきでないのはもとより，その行為計算が，単に，結果において法人税の軽減を来たすということのみによってこれを決すべきものではなく，不自然，不合理な行為によって不当に租税の軽減を図ったものであるかどうかは，もっぱら当該行為計算が経済的，実質的にみて，経済人の行為として，不合理・不自然なものと認められるかどうかによりこれを判断しなければならない。

関連解説

1　「2　概要」に示した改正前の取扱通達にあげられていた同族会社の行為又は計算の否認の類型のほとんどは，同族会社と役員などの同族関係者との取引についてですが，現行の法人税法では以下のような個別規定が存在しますので，それが適用されるものについては，行為又は計算の否認規定の適用をするまでもありません。詳しくは「第2章　I　役員」を参照してください。

- 法人税法34条「役員給与の損金不算入」
- 法人税法36条「過大な使用人給与の損金不算入」
- 法人税基本通達9-2-9「債務の免除による利益その他の経済的な利益」

2　所得税や相続税においても「同族会社等の行為又は計算の否認」規定があり，同族会社が行った行為又は計算が法人税の負担を減少するものではなかったとしても，それが株主等の同族関係者の所得税や相続税・贈与税の負担を不当に減少させる場合には，所得税法や相続税法による否認を受けるので注意が必要です（所法157，相法64）。

第5章

グループ法人課税の概要

Q60 グループ法人課税の対象となる法人

当社グループは，株主が社長とその家族だけの同族会社のグループです。新たにグループ法人課税制度が導入されたそうですが，どのような会社が対象になるのでしょうか。

A

SUMMARY　同一の個人や法人による100％保有関係にある株主グループが，グループ法人課税の対象となります。また，株主である個人の親族が一定の範囲にある場合は一の者として扱われますので，貴グループはグループ法人課税の対象となります。

Reference　法法2十二の七の六，法令4の2②・4①一

DETAIL

1　問題点

グループ法人課税の適用にあたっては，対象となる100％保有株主グループの判定が問題となります。

2　条文・通達

この100％保有株主グループの持株関係を「完全支配関係」とし，次のように定義しています。

●法人税法2条12号の7の6　完全支配関係

> 一の者が法人の発行済株式等の全部を直接若しくは間接に保有する関係…（以下…「当事者間の完全支配の関係」という。）又は一の者との間に当事者間の完全支配の関係がある法人相互の関係をいう。

3　完全支配関係について

(1)　完全支配関係
完全支配関係には次の2つの関係があります（法法2十二の七の六）。

①　当事者間の完全支配関係
一の者が法人の発行済株式等の全部を直接又は間接に保有する関係をいいます。

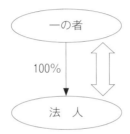

②　法人相互間の関係
一の者との間に当事者間の完全支配関係がある法人相互の関係（いわゆる兄弟会社の関係）をいいます。

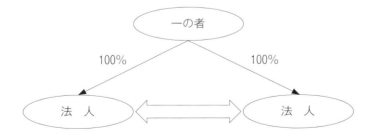

(2)　直接又は間接に保有する関係
直接又は間接に保有する関係とは次の場合をいいます（法令4の2②）。

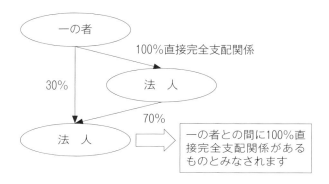

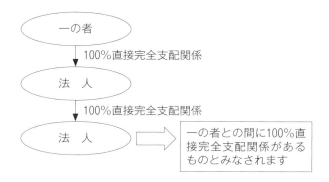

(3) 一の者が個人の場合

一の者が個人の場合には，その者と特殊関係のある次の個人も含めます（法令4①）。

① 株主等の親族
② 株主等と婚姻の届出をしていないが事実上婚姻関係と同様の事情にある者
③ 個人である株主等の使用人
④ 上記①～③に掲げる者以外の者で個人である株主等から受ける金銭その

他の資産によって生計を維持しているもの
⑤　上記②~④に掲げる者と生計を一にするこれらの者の親族

4　グループ法人課税の概要

(1)　グループ法人課税の適用対象法人等の比較

■グループ法人課税の比較（主なもの）

制　度	適用対象法人	取引相手の制限	完全支配関係に関する制限
ⅰ　100％グループ内の法人間の資産の譲渡取引等（譲渡損益の繰延べ）（法法61の13）	資産の譲渡法人 ・内国法人（普通法人又は協同組合等に限る）	資産の譲受法人 ・完全支配関係のある他の内国法人（普通法人又は協同組合等に限る）	制限なし
ⅱ　100％グループ内の法人間の寄附金の損金不算入（法法37②）	寄附を行った法人 ・内国法人	寄附を受けた法人 ・完全支配関係のある他の内国法人	法人による完全支配関係に限られる。
ⅲ　100％グループ内の法人間の受贈益の益金不算入（法法25の2）	寄附を受けた法人 ・内国法人	寄附を行った法人 ・完全支配関係のある他の内国法人	法人による完全支配関係に限られる。
ⅳ　100％グループ内の法人間の現物分配（適格現物分配による資産の簿価譲渡）（法法2十二の五の二・十二の十五・62の5③）	現物分配法人 ・内国法人（公益法人等及び人格のない社団等を除く）	被現物分配法人 ・完全支配関係のある他の内国法人（普通法人又は協同組合等に限る）	制限なし
ⅴ　100％グループ内の法人からの受取配当等の全額益金不算入（法法23①④⑤）	配当を受けた法人 ・内国法人 ・外国法人	配当を行った法人 ・配当等の額の計算期間を通じて完全支配関係があった他の内国法人（公益法人等及び人格のない社団等を除く）	制限なし
ⅵ　100％グループ内の法人の株式の発行法人への譲渡に係る損益（譲渡損益の非計上）（法法61の2⑰）	株式の譲渡法人 ・内国法人	株式の発行法人 ・完全支配関係がある他の内国法人	制限なし

（出所）国税庁　平成22年度税制改正に係る法人税質疑応答事例（グループ法人税制関係）（情報）問5を参考とした。

(2) 法人による完全支配関係

100％グループ内の法人間の寄附（左頁（1）の表内ⅱ，ⅲ）については，法人による完全支配関係に限られています。この場合の法人による完全支配関係とは，**図表1**のような場合をいい，**図表2**のように個人による完全支配関係の場合には適用はありません。

なお，**図表3**のように個人が法人Aを通じて法人B及びCを間接に保有している場合にはこの規定の適用があります（法基通9-4-2の5）。

〈図表1〉

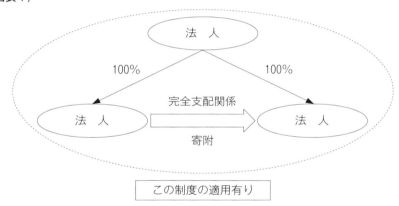

〈図表2〉

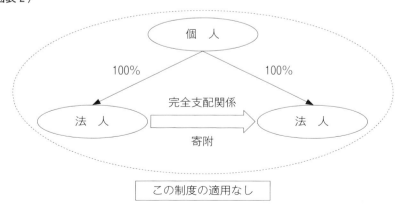

〈図表3〉

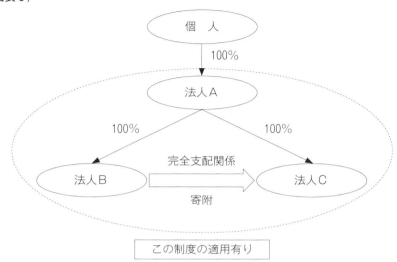

(出所)『改正税法のすべて―平成22年度国税・地方税の改正点の詳細―』
財団法人日本税務協会発行，206頁

5　解　釈

　次の図のように子会社B・C間で株式の相互持ち合いになっているため親会社Aは子会社の株式を100％保有していない場合であっても，資本関係がグループ内で完結していることから，親会社Aと子会社B，親会社Aと子会社C及び子会社BとCは，それぞれ完全支配関係にあるとして取り扱われます（国税庁　平成22年度税制改正に係る法人税質疑応答事例（グループ法人税制関係）（情報）問4）。

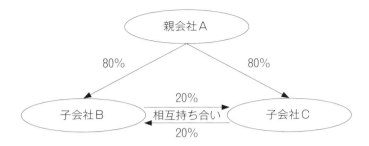

関連解説

1　完全支配関係を有することとなった日

　完全支配関係を有することとなった日とは，一方の法人が他方の法人を支配することができる関係が生じた日をいい，例えば株式の購入による場合には，株式の株主権が行使できる状態になる株式の引渡しが行われた日となります。

　なお，株式の譲渡における譲渡損益については，原則としてその譲渡に係る契約の日なので注意が必要です（法基通1－3の2－2，国税庁　平成22年度税制改正に係る法人税質疑応答事例（グループ法人税制関係）（情報）問1）。

2　名義株について

　完全支配関係があるかどうかの判定にあたって，株式等のうちに名義株がある場合には，その実際の権利者が保有するものとして判定することになります（法基通1－3の2－1）。

Q61 グループ法人間の資産の譲渡取引

当社は、社長である私が100％株主の同族会社Aです。長男が100％株主である同族会社Bに、現在賃貸している土地・建物を時価で譲渡して、今後はBで不動産の賃貸事業を進める予定です。

この不動産売買取引について、同族会社AやBで課税上注意する点はありますか。

A

SUMMARY グループ法人課税では、同族会社A及びBの株主である貴殿及び長男（以下「貴殿等」）は「一の者」となりますので、貴殿等と同族会社A、貴殿等と同族会社B、同族会社AとBは、貴殿等個人による完全支配関係にあるといえます。このため、同族会社AからBへの土地・建物の譲渡は、100％グループ内の法人間の資産の譲渡取引等にあたり、譲渡損益の繰延べ規定が適用されます。

Reference 法法61の13①②③、法令122の14①④⑥⑮～⑰

DETAIL

1 問題点

この譲渡損益の繰延べの規定は強制適用となりますから、経営資源の再配置の結果、たとえ譲渡法人側で資産の譲渡損が計上されても、その譲渡損はその事業年度の所得と通算できないことになります。

また、譲渡法人側で繰り延べられた譲渡損益は、譲受法人側において譲渡、償却等の事由が生じたときに戻し入れることになっているため、譲渡法人及び譲受法人相互で一定の通知義務があります。そのため資産の譲渡後においても、一定の事務手続が必要となります。

2　条文・通達

●法人税法61条の13第１項

> 内国法人（普通法人又は協同組合等に限る。）がその有する譲渡損益調整資産…を他の内国法人（当該内国法人との間に完全支配関係がある普通法人又は協同組合等に限る。）に譲渡した場合には，当該譲渡損益調整資産に係る譲渡利益額…又は譲渡損失額…に相当する金額は，その譲渡した事業年度…の所得の金額の計算上，損金の額又は益金の額に算入する。（省略）

3　概　　要

(1)　完全支配関係の判定

グループ法人課税制度では，完全支配関係の有無の判定が重要です（**Q60**を参照）。

ご質問における社長とその長男は一の者となり，この一の者が法人A及びBの発行済株式等の全部を直接保有する完全支配関係となります。

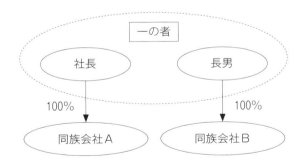

(2)　譲渡法人による譲渡損益の繰延べ

① 概　　要

内国法人がその有する譲渡損益調整資産を完全支配関係にある他の内国法人

に譲渡した場合には，当該譲渡損益調整資産に係る譲渡利益額又は譲渡損失額に相当する金額は，その譲渡した事業年度において申告調整により繰り延べることになります（法法61の13①）。

- 譲渡利益額　　⇒　　益金不算入
- 譲渡損失額　　⇒　　損金不算入

② 譲渡損益調整資産

譲渡損益調整資産とは，固定資産，土地（土地の上に存する権利を含みます），有価証券，金銭債権及び繰延資産で下記のもの以外のものをいいます（法法61の13①，法令122の14①）。

- 譲渡法人において売買目的有価証券とされていた有価証券
- 譲受法人において売買目的有価証券とされる有価証券
- 譲渡の直前の帳簿価額が1,000万円に満たない資産※

※譲渡した資産の帳簿価額が1,000万円未満かどうかの単位は次によります（法規27の13の3，27の15①）。

金銭債権	・一の債務者ごと
減価償却資産	・建物　一棟（区分所有の場合は，その区分ごと） ・機械及び装置　一の生産設備又は1台若しくは1基ごと ・その他の減価償却資産　上記に準ずる
土地等	・一筆ごと（一体として事業の用に供される一団の土地等にあっては，その一団の土地等）
有価証券	・その銘柄の異なるごと
その他の資産	・通常の取引の単位ごと

(3) 譲渡法人における戻入れ

① 概　要

譲渡法人が譲渡損益調整資産に係る譲渡損益を繰り延べた場合において，そ

の譲受法人において譲渡損益調整資産の譲渡，償却，評価換え，貸倒れ，除却その他の事由が生じたときは，譲渡法人は申告調整により繰り延べた譲渡損益の戻入れをします（法法61の13②）。

- 譲渡利益額　　⇒　　益金算入
- 譲渡損失額　　⇒　　損金算入

② 繰り延べた譲渡損益の戻入れ事由

譲受法人において生ずる戻入れの事由のうち，主なものとその金額は次のとおりです（法令122の14④）。

事　　由	金　　額
譲渡損益調整資産の譲渡，貸倒れ，除却その他これらに類する事由	譲渡利益額又は譲渡損失額に相当する金額（以下「(A)」）
譲渡損益調整資産が譲受法人において減価償却資産に該当し，その償却費が損金の額に算入されたこと	(A) × $\dfrac{\text{損金の額に算入された金額}}{\text{譲渡損益調整資産の取得価額又は額}}$
譲渡損益調整資産が譲受法人において繰延資産に該当し，その償却費が損金の額に算入されたこと	
有価証券である譲渡損益調整資産と銘柄を同じくする有価証券（売買目的有価証券を除く）の譲渡	譲渡利益額又は譲渡損失額に相当する金額のうちその譲渡をした数に対応する部分の金額
譲渡損益調整資産が譲受法人において償還有価証券に該当し，調整差益又は調整差損が益金の額又は損金の額に算入されたこと	(A) × $\dfrac{\text{譲渡法人の当該譲渡事業年度の日数}}{\text{譲渡法人の当該事業年度開始の日から当該償還有価証券の償還日までの期間の日数}}$

なお，譲渡損益調整資産が，減価償却資産又は繰延資産に該当する場合には，次の簡便法による金額とすることができます（法令122の14⑥）。

区　分	簡便法による金額
減価償却資産　(A) ×	譲渡法人の当該事業年度開始の日からその終了の日までの期間（譲渡損益調整資産の譲渡の日の前日までの期間を除く）の月数
	譲受法人が譲渡損益調整資産について適用する耐用年数　×　12
繰延資産　(A) ×	譲渡法人の当該事業年度開始の日からその終了の日までの期間（譲渡損益調整資産の譲渡の日の前日までの期間を除く）の月数
	繰延資産となった費用の支出の効果の及ぶ期間の月数

③　完全支配関係の解消

　譲渡法人が譲受法人との間に完全支配関係を有しないこととなった場合は，原則として，譲渡損益調整資産に係る譲渡利益額又は譲渡損失額に相当する金額は，その譲渡法人のその完全支配関係を有しないこととなった日の前日の属する事業年度の所得の金額の計算上，益金の額又は損金の額に算入されます（法法61の13③）。

（4）通　知

　次に掲げる事由が生じた場合は，譲渡法人は譲受法人に対して，また，譲受法人は譲渡法人に対して通知をしなければなりません（法令122の14⑮～⑰）。

通知者	事　由	通知の内容	期　限
譲渡法人	譲渡損益調整資産の譲渡	譲渡損益調整資産である旨（減価償却資産又は繰延資産につき簡便法の適用を受けようとする場合は，その旨を含む）	遅滞なく
譲受法人	譲渡損益調整資産が譲受法人において売買目的有価証券であること	その旨	譲渡法人から通知を受けた後遅滞なく

譲渡損益調整資産が減価償却資産又は繰延資産である場合において，譲渡法人から簡便法の適用を受けようとする旨の通知を受けたこと	減価償却資産について適用する耐用年数又は繰延資産の支出の効果の及ぶ期間	
その他上記(3)②の事由等が生じたこと	その旨（減価償却資産又は繰延資産の場合には，その償却費の額を含む）及びその生じた日	事由が生じた事業年度終了後遅滞なく

　なお，国税庁より次のような通知書のひな形が公表されています（国税庁平成22年度税制改正に係る法人税質疑応答事例（グループ法人税制関係）（情報）問13）。

法人税法第61条の13（完全支配関係がある法人の間の取引の損益）に規定する譲渡損益調整資産に関する通知書

譲渡法人（甲）	譲受法人（乙）
（法人名） （住　所） （連絡先）	（法人名） （住　所） （連絡先）

（譲渡法人→譲受法人）

［通知年月日］　平成〇年〇月〇日

1　当社（甲）が、平成〇年〇月〇日付で貴社（乙）に譲渡した次の資産については、法人税法第61条の13に規定する譲渡損益調整資産に該当しますので、その旨通知します。

資産の種類	固定資産　・　土地　・　有価証券　・　金銭債権　・　繰延資産
資産の名称	
譲渡数量	

（譲渡損益調整資産が固定資産又は繰延資産である場合）
2　なお、上記の資産が貴社（乙）において、減価償却資産又は繰延資産に該当する場合には、当社（甲）では、法人税法施行令第122条の14第6項に規定する簡便法の適用を
（　受ける　・　受けない　）　予定ですので、その旨通知します。

（譲受法人→譲渡法人）

［通知年月日］　平成〇年〇月〇日

3　上記1の資産は、当社（乙）において、次のとおりとなりますので、その旨通知します。

・上記1の資産が、有価証券である場合 　当社（乙）において、売買目的有価証券に	該当する　・　該当しない
・上記1の資産が、貴社（甲）において固定資産である場合 　当社（乙）において、減価償却資産に	該当する　・　該当しない
減価償却資産に該当する場合に、 　その減価償却資産に適用される耐用年数	年
・上記1の資産が、貴社（甲）において繰延資産である場合 　当社（乙）において、繰延資産に	該当する　・　該当しない
繰延資産に該当する場合に、 　その繰延資産となった費用の支出の効果の及ぶ期間	年

[通知年月日]　平成○年○月○日

4　上記1の資産について、当社（乙）において次の事由が生じましたので、その旨通知します。

該当有無 ○表示	発　生　事　由	発生年月日	左記の日の属する事業年度	備　考
	①　上記1の資産について次の事実が発生したこと 【　譲渡　・　貸倒れ　・　除却　・　その他類する事由　】 その他類する事由（　　　　）	平　．．	自：平　．． 至：平　．．	
	②　上記1の資産を適格分割型分割により分割承継法人へ移転したこと	平　．．	自：平　．． 至：平　．．	
	③　普通法人又は協同組合等である当社（乙）が、公益法人等に該当することとなったこと	平　．．	自：平　．． 至：平　．．	
	④　上記1の資産につき当社（乙）において、 ・法人税法第25条第2項に規定する評価換えによりその帳簿価額を増額し、その増額した部分の金額を益金の額に算入したこと ・法人税法第25条第3項に規定する資産に該当し、上記1の資産の同項に規定する評価益の額として政令で定める金額を益金の額に算入したこと	平　．．	自：平　．． 至：平　．．	
	⑤　上記1の資産が当社（乙）において、減価償却資産に該当し、その償却費を損金の額に算入したこと	償却費を損金の額に算入した事業年度 自：平　．． 至：平　．． ※　上記事業年度の末日が発生年月日です		損金の額に算入した償却費の額 円
	⑥　上記1の資産が当社（乙）において、繰延資産に該当し、その償却費を損金の額に算入したこと	償却費を損金の額に算入した事業年度 自：平　．． 至：平　．． ※　上記事業年度の末日が発生年月日です		損金の額に算入した償却費の額 円
	⑦　上記1の資産につき当社（乙）において、 ・法人税法第33条第2項に規定する評価換えによりその帳簿価額を減額し、上記1の資産の同項に規定する差額に達するまでの金額を損金の額に算入したこと ・法人税法第33条第3項に規定する評価換えによりその帳簿価額を減額し、その減額した部分の金額を損金の額に算入したこと ・法人税法第33条第4項に規定する資産に該当し、上記1の資産の同項に規定する評価損の額として政令で定める金額を損金の額に算入したこと	平　．．	自：平　．． 至：平　．．	
	⑧　上記1の資産が有価証券である場合で、当社（乙）において、上記1の資産と銘柄を同じくする有価証券（売買目的有価証券以外のもの）を譲渡したこと （上記1の資産の数に達するまでの譲渡に限る。）	平　．．	自：平　．． 至：平　．．	譲渡した数量
	⑨　上記1の資産が当社（乙）において、法人税法施行令第119条の14に規定する償還有価証券に該当し、上記1の資産について法人税法施行令第139条の2第1項に規定する調整差益又は調整差損を益金の額又は損金の額に算入したこと	平　．．	自：平　．． 至：平　．．	
	⑩　上記1の資産が当社（乙）において、法人税法第61条の11第1項に規定する時価評価資産に該当し、上記1の資産について同項に規定する評価益又は評価損を益金の額又は損金の額に算入したこと	平　．．	自：平　．． 至：平　．．	

(5) 適用時期

平成22年10月1日以後に行う譲渡損益調整資産の譲渡について適用されます（平成22年改正法附則22①）。

4 解 釈

法人間の資産の移転が100％グループ内で行われた場合，移転した資産は株式等を通じて実質的に支配が継続しているとみることができます。これに課税することは，むしろ経営資源の再配置を阻害してしまうという側面もあることから設けられた制度です。

なお，この規定は譲渡損益を繰り延べるということであって，その売買価額はあくまでも時価による売買となります。したがって，時価によらない売買は時価に引き直した上で，この規定により譲渡損益が繰り延べられます。その際に生じる時価との差額については，法人税法上寄附金となり，100％グループが法人による完全支配関係である場合は，次の**Q62**で説明する寄附金の損金不算入・受贈益の益金不算入が適用されます。

第 5 章　グループ法人課税の概要　295

関連解説

〈設例〉

下記の内容で土地・建物を譲渡しました。

この場合の同族会社A及びBの法人税法上の取扱いについて教えてください。

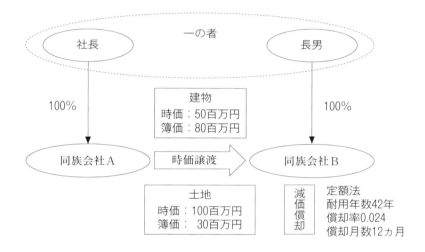

(単位:百万円)

内容	譲渡法人A	譲受法人B
譲渡時	《会計処理》 現　　金　50/ 建　　　物　50 建物譲渡損　30/ 建　　　物　30 現　　金　30/ 土　　　地　30 現　　金　70/ 土地譲渡益　70	《会計処理》 建　　物　50/ 現　　金　50 土　　地　100/ 現　　金　100
	《税務仕訳》 建物譲渡損　30 / 建物譲渡 益調整勘定　　　損益調整益　30 土地譲渡損　70 / 土地譲渡損 益調整損　　　　益調整勘定　70 《申告調整》 建物譲渡損益調整益　30 　　　　　（加算・留保） 土地譲渡損益調整損　70 　　　　　（減算・留保）	（処理なし）
	《通知》 ・譲渡損益調整資産である旨	（処理なし）
減価償却費計上	（処理なし）	《会計処理》 減価償却費　1.2/ 建　　物　1.2
	（処理なし）	《通知》 ・減価償却費の額 1.2である旨 ・事由が生じた日××年××月××日
譲渡損益の戻入れ（原則）	《税務仕訳》 建物譲渡損益　　　建物譲渡損 調整勘定戻入 0.72/ 益調整勘定 0.72※ 《申告調整》 建物譲渡損益調整勘定戻入　0.72 　　　　　（減算・留保） ※30×（1.2／50）＝0.72	（処理なし）

Q62　グループ法人間の寄附金・受贈益

　同族会社である当社Ａのグループ会社には，100％子会社であるＢ及びＣがあります。このたびＣの資金需要に伴い，子会社ＢからＣに2,000万円の無償による資金提供を予定しています。

　この資金提供については，子会社ＢからＣへの寄附金になるかと思いますが，当社Ａ，子会社Ｂ及びＣのそれぞれにおいて法人税法上どのような取扱いになるのか教えてください。

A ……………………………………………………………………………

SUMMARY　子会社Ｂが支出した寄附金の額2,000万円は，Ｂにおいて全額損金不算入となり，子会社Ｃの受贈益2,000万円は全額益金不算入となります。また，親会社Ａが有する子会社Ｂ及びＣの株式の帳簿価額は，一定の修正が必要となります。

Reference　法法37②・25の2①，法基通4-2-4・9-4-2の5・9-4-2の6，法令9①七・119の3⑥

DETAIL

1　問題点

　支出寄附金の額の全額損金不算入の規定やその受贈益の全額益金不算入の規定は，法人による完全支配関係にある場合に限られ，個人による完全支配関係がある場合については適用がありません。

　この場合において，法人が寄附金を支出した他の法人との間に法人による完全支配関係があるだけでなく，これらの者にさらに個人による完全支配関係があった場合にこれらの規定の適用があるかどうかが問題になります。

2　条文・通達

（1）　支出寄附金の額の全額損金不算入

●法人税法37条2項　寄附金の損金不算入

> 内国法人が各事業年度において当該内国法人との間に完全支配関係（法人による完全支配関係に限る。）がある他の内国法人に対して支出した寄附金の額…は，当該内国法人の各事業年度の所得の金額の計算上，損金の額に算入しない。

（2）　受贈益の全額益金不算入

●法人税法25条の2第1項

> 内国法人が各事業年度において当該内国法人との間に完全支配関係（法人による完全支配関係に限る。）がある他の内国法人から受けた受贈益の額…は，当該内国法人の各事業年度の所得の金額の計算上，益金の額に算入しない。

3　概　要

（1）　寄附金，受贈益

100％グループ内の法人間の寄附の規定は，下記の点に留意する必要があります。

- 寄附をする側も寄附を受ける側もともに内国法人に限られます。
- 法人による完全支配関係の場合に限られます。
- 寄附をする側については，法人税法25条の2（受贈益の益金不算入）の規定を適用しないとした場合には，益金の額に算入される受贈益の額に対応するものに限られます。
- 寄附を受ける側については，法人税法37条（寄附金の損金不算入）の規定を適用しないとした場合には，損金の額に算入される寄附金の額に対応するものに限られます。

したがって，例えば公益法人等の非収益事業に係る寄附などは対象とはなりません（法基通4-2-4・9-4-2の6）。

(2) 親法人による子法人の株式の寄附修正

法人が有する当該法人との間に完全支配関係がある法人（以下「子法人」といいます）の株式等について下記①寄附修正事由が生ずる場合には，下記の算式②により計算した金額を利益積立金額及びその寄附修正事由が生じた時の直前の子法人の株式等の帳簿価額に加算することとされています（法令9①七・119の3⑥）。

① **寄附修正事由**
- 子法人が他の内国法人から受贈益の額を受けたこと
- 子法人が他の内国法人に対して寄附金の額を支出したこと

② **算　式**

（受贈益の額×持分割合）－（寄附金の額×持分割合）

③ **本問における法人Ａの寄附修正**

B株式
利益積立金額 2,000万円 ／ B株式 2,000万円

C株式
C株式 2,000万円 ／ 利益積立金額 2,000万円

(3) 法人による完全支配関係の留意点

法人が寄附金を支出した他の法人との間に法人による完全支配関係があるだけでなく，これらの者がさらに個人による完全支配関係があった場合については，「…当該内国法人及び当該他の内国法人の発行済株式等の全部を当該一の者を通じて個人が間接に保有することによる完全支配関係があるときであっても，当該寄附金の額には法第37条第2項《完全支配関係がある法人間の寄附金

の損金不算入》の規定の適用がある…。(法基通9-4-2の5)」とされています。

つまり、寄附金を授受する当事者間において法人による完全支配関係があればよく、例えば本問におけるAグループが次のような場合であっても、Aの子会社であるB・C間における寄附についてはこれらの規定の適用があります。

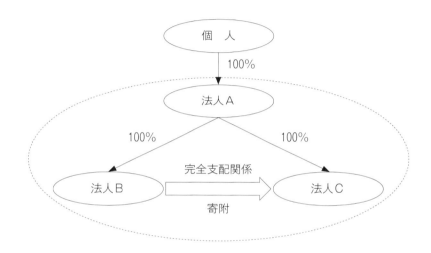

(4) 適用時期

平成22年10月1日以後に支出する寄附金の額又は同日以後受ける受贈益の額について適用されます（平成22年改正法附則16・18・25、平成22年改正法令5②⑥・13①）。

4 解　釈

個人による完全支配関係が除かれているのは、例えば親が発行済株式の100％を保有する法人から子が発行済株式の100％を保有する法人へ寄附することにより、相続税・贈与税の租税回避を防止するためとされています（『改正

税法のすべて―平成22年度国税・地方税の改正点の詳細―』財団法人日本税務協会発行，207頁参考)。

関連解説

親法人甲の100％完全支配関係にある子法人Aから同じく完全支配関係にある子法人Bへ，子法人Aの譲渡損益調整資産(注)である土地（時価100百万円）を帳簿価額30百万円で譲渡しました。
親法人甲，子法人A及びBの法人税法上の取扱いについて教えてください。
（注） 100％グループ内の法人間の譲渡損益調整資産譲渡の譲渡損益の繰延べについてはQ61を参照してください。

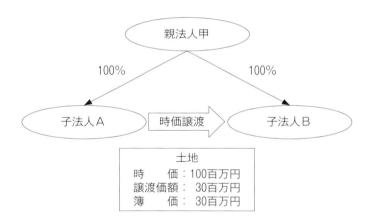

〈子法人A，B〉　　　　　　　　　　　　　　　　　　　　　　　　（単位：百万円）

内　容	譲渡法人A	譲受法人B
① A譲渡時 B取得時	《会計処理》 現　　金　30／土　　地　30 《税務仕訳》 現　　金　30／土　　地　30 未収入金　70／譲　渡　益　70 《申告調整》 譲渡益計上もれ　70（加算・留保）	《会計処理》 土　　地　30／現　　金　30 《税務仕訳》 土　　地　30／現　　金　30 土　　地　70／未　払　金　70

内容	子法人A	子法人B
② A譲渡利益額の繰延べ	《税務仕訳》 譲渡損益調整損 70／譲渡損益調整勘定 70 《申告調整》 譲渡損益調整損 70（減算・留保）	（処理なし）
③ A寄附金認容 B受贈益計上	《税務仕訳》 寄附金 70／未収入金 70 《申告調整》 寄附金認容 70（減算・留保）	《税務仕訳》 未払金 70／受贈益 70 《申告調整》 受贈益計上もれ 70（加算・留保）
④ A寄附金損金不算入 B受贈益益金不算入	《申告調整》 寄附金損金不算入 70 （加算・流出）	《申告調整》 受贈益益金不算入 70 （減算・流出）

〈親法人甲〉

内容	子法人A	子法人B
子法人株式の寄附修正	《税務仕訳》 利益積立金額 70／A株式 70	《税務仕訳》 B株式 70／利益積立金額 70

第6章

同族会社の株式の評価

Q63　株式評価が必要になる場面

中小企業の経営者です。「自社株評価」や「企業価値」という言葉を聞きますが，中小企業のような未公開会社の株式の評価が必要とされるのは，相続以外にどのような場面があるのでしょうか。

A

SUMMARY　株式の売買，自己株式の取得，第三者割当増資，合併や会社分割などの企業再編，評価損益を計上するときなどです。

Reference　法基通9－1－8・9－1－13・9－1－14，所基通23～35共－9・36-36・59－6

DETAIL

1　問題点

株式の評価が必要となる場面としては①株式の移動を伴う取引を行うとき，と②評価損益を計上するとき，の2つが考えられ，①に該当するものとしては株式の売買の他，自己株式の取得，第三者割当増資，合併や会社分割などの企業再編等があります。いずれの場合も，株式の評価額すなわち株式の時価をどのように算定するのかということが問題になります。

2　株式の評価に関する法人税の取扱い

株式の評価損を計上する場合の株式の評価に関する法人税基本通達をまとめると，次のようになります（法基通9－1－8・9－1－13・9－1－14）。

■株式の評価損を計上する場合の株式の価額

株式の種類	評価方法
（1）上場株式	市場価格
（2）上場株式以外	
① 売買実例のあるもの	6月間の売買実例価額のうち適正と認められる価額
② 公開途上にある株式で上場に際して株式の公募等が行われるもの	競争入札に基づく公開価格等を参酌した価額
③ 売買実例のない株式で類似法人の株式の価額があるもの	類似法人の株式の価額に比準した価額 ※一定の条件のもと，財産評価基本通達による評価も可
④ その他の株式	1株当たりの純資産価額等を参酌した価額 ※一定の条件のもと，財産評価基本通達による評価も可

■一定の条件

- 課税上弊害がない場合に限る
- 「中心的な同族株主」に該当するときは「小会社」に該当するものとする
- 純資産価額方式では土地と上場有価証券は時価により計算する
- 純資産価額方式では評価差額に対する法人税等は控除しない

なお，これらの通達は評価損を計上する場合の期末時価の算定という形で定められていますが，株式の売買を行う場合などにも準用できるとされています。

ただし，純然たる第三者間において種々の経済性を考慮して定められた取引価額は，たとえこの通達による価額と異なる価額であっても，一般に合理的なものとして是認されるとしています（小原一博編著『法人税基本通達逐条解説　八訂版』税務研究会出版局，718頁）。

3 株式の評価に関する所得税の取扱い

 所得税においても，法人税と同様の取扱いになっています（所基通23～35共‐9・36-36・59-6）。

4 株式の評価に関して法令・通達等で明確になっていないこと

 上場株式などのように取引相場がある株式であれば，株式の評価が必要となるいずれの場面でも，取引相場を基に評価すれば問題はないでしょう。

 一方取引相場のない株式に関しては法人税，所得税いずれも，株式の評価が必要となる場面の一部しか評価方法を明らかにしていません。

 仮にすべての場面で財産評価基本通達を準用するにしても，売主と買主それぞれの立場で評価額が異なることもありますので，この場合どのように評価額を決定すべきかが問題です。例えば少数株主である従業員の退職にあたり，その従業員から自己株式を取得する場合，配当還元方式による評価額で取得しても会社に課税上の問題が生じないのか，逆に自己株式を従業員に交付するときはどうなのかといったことが明確になっていないのです。

関連解説

取引価額が株式の評価額（時価）と異なるときの課税上の問題

 株式の売買を例に株式の取引価額が時価と異なるときに，どのような課税問題が生じるかをまとめると次のようになります。

■株式の売買価額と課税上の問題

（時価より高い場合）

		買　主	
		法　人	個　人
売　主	法人	売主：時価を超える部分が受贈益になる 買主：時価を超える部分が原則として寄附金になる	売主：時価を超える部分が受贈益になる 買主：時価を超える部分は取得費に算入されない
^	個人	売主：時価を超える部分が給与所得等になる 買主：時価を超える部分が役員賞与等になる	売主：時価を超える部分が原則として贈与税の対象になる 買主：時価を超える部分が買主に対する贈与になる

（時価より安い場合）

		買　主	
		法　人	個　人
売　主	法人	売主：時価を下まわる部分が原則として寄附金になる 買主：時価を下まわる部分が受贈益になる	売主：時価を下まわる部分が役員賞与等になる 買主：時価を下まわる部分が給与所得等になる
^	個人	売主：時価の2分の1未満で売却した場合，時価で譲渡したものとみなされる 買主：時価を下まわる部分が受贈益になる	売主：時価を下まわる部分が買主に対する贈与となる 買主：時価を下まわる部分が原則として贈与税の対象になる

Q64　原則的評価方式と特例的評価方式の区分

　私は夫の相続によりA社の株式（取引相場のない株式）を取得しました。A社は義兄が経営している会社で，私が取得した株式は同社が発行している株式のわずか3％にすぎません。いわゆる少数株主は配当還元方式により評価すると聞きましたが，私の場合も配当還元方式により評価してもよいのでしょうか。なお，私は同社の役員ではありません。

〈相続後のA社の株主〉

株　主	株数（千株）	議決権割合（％）
義母（夫の母）	500	50
義兄（夫の兄）	400	40
私	30	3
その他（従業員）	70	7
計	1,000	100

A

SUMMARY　5％未満であっても中心的な同族株主に該当しますので，原則的な評価方式により評価します。

Reference　評基通188

DETAIL

1　問題点

　中小企業の株式のように，取引相場のない株式は換金性に乏しいうえ，少数株主は会社経営に対する発言力が弱いため，取引相場のない株式を所有する少数株主にとって，所有する株式は配当期待権以外の意味を持ちません。このため，一般に少数株主の株式評価では配当還元方式が採用されます。しかし，そ

の株主の関係者の所有する株式と合わせることによって会社経営に対する影響が強まり、会社を支配できるのであれば、少数株主であっても配当還元方式による評価は適当とはいえません。

したがって、関係者が所有する株式も含めて判定しても少数株主といえるかどうかが問題となります。

2　株主の区分と評価方式に関する通達の定め

財産評価基本通達188では特例的評価方式である配当還元方式を採用できる場合を定めていますが、これら以外の株式は原則的評価方式により評価します。同通達をまとめると次のようになります。

■株主の区分と評価方式

会社区分	株主の態様による区分					評価方式
^	株主区分					^
同族株主のいる会社	同族株主	取得後の議決権割合5％以上				原則的評価方式
^	^	取得後の議決権割合5％未満	中心的な同族株主がいない場合			^
^	^	^	中心的な同族株主がいる場合	中心的な同族株主		^
^	^	^	^	役員		^
^	^	^	^	その他		特例的評価方式
^	同族株主以外の株主					^
同族株主のいない会社	議決権割合の合計が15％以上のグループに属する株主	取得後の議決権割合5％以上				原則的評価方式
^	^	取得後の議決権割合5％未満	中心的な株主がいない場合			^
^	^	^	中心的な株主がいる場合	役員		^
^	^	^	^	その他の株主		特例的評価方式
^	議決権割合の合計が15％未満のグループに属する株主					^

(注)　原則的評価方式とは、類似業種比準方式、純資産価額方式、併用方式、「S1＋S2方式」をいいます。

3　具体的な判定

　まず,「同族株主」について判定します。A社の株主構成をみると,義母,義兄及びあなたは同族関係にありその議決権割合が93％ですから,あなたが属する株主グループが同族株主です。したがって,「同族株主のいる会社」であり,あなたは「同族株主」であるといえます。

　次に取得後の議決権割合が5％以上か否かを判定します。あなたの議決権割合は3％ですから,「取得後の議決権割合5％未満」です。

　その次に「中心的な同族株主」の判定です。

■中心的な同族株主の判定

	義　母	義　兄	あなた
義母	50％	50％	50％
義兄	40％	40％	非該当
あなた	3％	非該当	3％
議決権計	93％	90％	53％
判　定	中心的な同族株主	中心的な同族株主	中心的な同族株主

　まず義母について判定します。義母から見た中心的な同族株主の判定基礎となる親族は義兄とあなたです。合わせて93％の議決権を保有していますので,義母は中心的な同族株主であるといえます。

　次に義兄について判定します。義兄から見た中心的な同族株主の判定基礎となる親族は義母のみです。その議決権割合は90％ですから中心的な同族株主であるといえます。

　最後にあなたについて判定します。あなたから見た中心的な同族株主の判定の基礎になる親族は義母です。その議決権割合は53％ですからあなたも中心的な同族株主です。

　したがって,あなたが夫の相続により取得したA社株式が,発行済み株式のわずか3％であるとはいえ,原則的評価方式により評価することになります。

関連解説

用語の意義

(1) 同族株主

「同族株主」とは、「課税時期における評価会社の株主のうち、株主の1人及びその同族関係者（法人税法施行令第4条《同族関係者の範囲》に規定する特殊の関係のある個人又は法人をいう。以下同じ。）の有する議決権の合計数がその会社の議決権総数の30％以上（その評価会社の株主のうち、株主の1人及びその同族関係者の有する議決権の合計数が最も多いグループの有する議決権の合計数が、その会社の議決権総数の50％超である会社にあっては、50％超）である場合におけるその株主及びその同族関係者をいう。」（評基通188）とされています。

(2) 中心的な同族株主

「中心的な同族株主」とは「課税時期において同族株主の1人並びにその株主の配偶者、直系血族、兄弟姉妹及び1親等の姻族（これらの者の同族関係者である会社のうち、これらの者が有する議決権の合計数がその会社の議決権総数の25％以上である会社を含む。）の有する議決権の合計数がその会社の議決権総数の25％以上である場合におけるその株主をいう。」（評基通188）とされています。

(3) 中心的な株主

「中心的な株主」とは、「課税時期において株主の1人及びその同族関係者の有する議決権の合計数がその会社の議決権総数の15％以上である株主グループのうち、いずれかのグループに単独でその会社の議決権総数の10％以上の議決権を有している株主がいる場合におけるその株主をいう。」（評基通188）とされています。

Q65　会社の規模による評価方式の判定

　Q64のA社の株式は原則的評価方式により評価するとのことですが，具体的にはどのような評価方式になるのでしょうか。

〈A社の概要〉

業　種	水産物加工業及び水産物卸売業
総資産価額（帳簿価額）	1,000,000千円
従業員数	25人
取引金額	水産物加工業：400,000千円 水産物卸売業：500,000千円 　合計　　　：900,000千円

A

SUMMARY　A社は中会社に該当するので純資産価額方式と類似業種比準方式の併用方式により評価します。このときのLの割合は0.90です。

Reference　評基通179・178

DETAIL

1　問題点

　取引相場のない株式の評価方式は，会社の規模により次のように定められています（評基通179）。

■会社規模別の評価方式

会社規模	評価方式
大会社	類似業種比準方式 ※納税者の選択により純資産価額方式も可
中会社	併用方式＝類似業種比準価額×Ｌ＋純資産価額×（１－Ｌ） ※納税者の選択により，類似業種比準価額を純資産価額にすることも可
小会社	純資産価額方式 ※納税者の選択により併用方式も可。この場合Ｌの割合は0.5

　大会社は上場会社と変わらない規模の会社であるため類似業種比準方式により評価し，小会社は個人企業と変わらない規模の会社であるため純資産価額方式により評価します。大会社と小会社の間にある中会社は，類似業種比準方式と純資産価額方式の併用方式により評価します。また中会社の規模をさらに３区分し，規模が大きくなるほど類似業種比準方式の割合（Ｌ）を高めています（評基通179）。

　したがって，まずＡ社がどの規模にあたるかを判定する必要があります。

2　会社規模の判定に関する通達の定め

　取引相場のない株式を評価する際の会社規模の判定は，財産評価基本通達178及び179に定めています。これらをまとめると次の図のようになります。

第6章 同族会社の株式の評価　315

■ 会社規模の判定

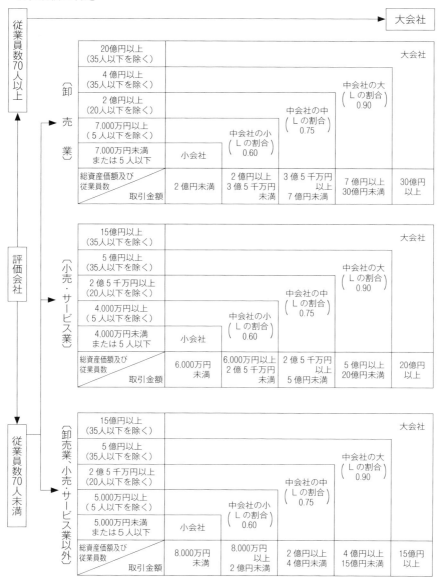

(留意点)
① 「総資産価額」は，課税時期の直前に終了した事業年度の末日（以下「直前期末」という）における評価会社の各資産の帳簿価額の合計額とする。
② 「従業員数」は，直前期末以前1年間においてその期間継続して評価会社に勤務していた従業員（就業規則等で定められた1週間当たりの労働時間が30時間未満である従業員を除く。以下この項において「継続勤務従業員」という）の数に，直前期末以前1年間において評価会社に勤務していた従業員（継続勤務従業員を除く）のその1年間における労働時間の合計時間数を従業員1人当たり年間平均労働時間数で除して求めた数を加算した数とする。この場合における従業員1人当たり年間平均労働時間数は，1,800時間とする。
　　従業員には社長，理事長並びに使用人兼務役員とされない役員は含まない。
③ 「取引金額」は，直前期末以前1年間における評価会社の目的とする事業に係る収入金額（金融業・証券業については収入利息及び収入手数料）とする。
④ 評価会社が「卸売業」，「小売・サービス業」又は「卸売業，小売・サービス業以外」のいずれの業種に該当するかは，上記③の直前期末以前1年間における取引金額に基づいて判定し，当該取引金額のうちに2以上の業種に係る取引金額が含まれている場合には，それらの取引金額のうち最も多い取引金額に係る業種によって判定する。

3　具体的な判定

　取引相場のない株式の評価方式を判定する場合，まず「従業員数が70人以上」か否かを判断する必要があります。A社の従業員数は25人ですから，「従業員数70人未満」となります。
　次にどの業種に該当するかを判断します。A社の取引金額のうち最も多いのは水産物卸売業ですから，「卸売業」に該当します。
　次に「総資産価額及び従業員数」がどの規模にあるか判断します。A社の総資産価額（帳簿価額）は10億円，従業員数は25人です。総資産価額では「4億円以上」にあたりますが，従業員数が35人以下ですから，1ランク下の「2億円以上（20人以下を除く）」の欄に該当します。
　次に「取引金額」がどの規模に該当するか判断します。A社の取引金額は総額9億円ですから「7億円以上30億円未満」に該当します。
　以上により「中会社の大（Lの割合0.90）」と判定されました。
　したがって，A社の株式は類似業種比準価額と純資産価額の併用方式によって評価し，そのときのLの割合は0.90である，ということになります。

Q66 純資産価額方式における留意点

知人から，不動産は会社に持たせた方が相続税対策になると言われました。私が所有している不動産は以下のとおりですが，これらを会社に持たせた方が相続税対策になるのでしょうか。

物　件	面　積	相続税評価額（円）	備　考
自宅	土地：　400㎡	200,000,000	@500,000
	建物：　200㎡	40,000,000	@200,000
賃貸マンション	土地：　800㎡	468,000,000	@546,000
	建物：2,000㎡	252,000,000	@126,000
合　計		960,000,000	

これらの不動産にはいずれも含み益（時価＞取得費）はありません。また，不動産の移転方法は現物出資とします。

A

SUMMARY 不動産所有会社の株式を純資産価額方式により評価すると仮定すれば，相続時点で現在より地価が上昇していれば相続税対策になります。逆に地価が上昇していなければ相続税対策になりません。

Reference 評基通185・186-2，措法69の4

DETAIL

1　問題点

現物出資により不動産を会社に移転させると，相続財産が不動産から株式に変わります。相続時におけるこの株式の評価額が不動産の評価額よりも低ければ，相続税対策として効果があったということができます。

株式の原則的評価方法としては一般に，①純資産価額方式，②類似業種比準

方式及び③併用方式の3種がありますが，ここでは，本事例に採用される可能性の高い純資産価額方式と不動産の評価との違いを中心に，相続税対策としての有効性を見ていきます。

2　純資産価額方式による株式の評価

　純資産価額方式は「課税時期における各資産をこの通達に定めるところにより評価した価額…の合計額から課税時期における各負債の金額の合計額…を控除した金額」(評基通185) とされていることから，基本的には不動産を個人で持っていても会社で持っていても，相続税の課税価額は同額となり，相続税の負担も同じであるといえます。

　ただし，以下の点で違いがあります。

① 　3年以内に取得した不動産の評価

　「課税時期前3年以内に取得又は新築した土地及び土地の上に存する権利 (以下「土地等」という。) 並びに家屋及びその附属設備又は構築物 (以下「家屋等」という。) の価額は，課税時期における通常の取引価額に相当する金額によって評価」(評基通185) します。なお「当該土地等又は当該家屋等に係る帳簿価額が課税時期における通常の取引価額に相当すると認められる場合には，当該帳簿価額に相当する金額によって評価することができ」ます。

　本問では，現物出資後3年間は時価 (通常の取引価額等) により評価することとなり，路線価評価等と比べ一般に評価額が高くなってしまいます。

② 　小規模宅地の特例

　小規模宅地の特例は，相続等によって取得した財産のうちに，被相続人等の事業の用又は居住の用に供されていた宅地等で建物等の敷地の用に供されているものがある場合に，その宅地等の価額に20%又は50%を乗じて計算した金額を，相続税の課税価格とすることができる特例です (措法69の4)。

　ご質問の場合でも，一定の要件を満たせば，自宅と賃貸マンションいずれも

小規模宅地の特例の対象となりえます。ただし，限度面積があるため，自宅と賃貸マンションのいずれか一方のみの適用となり，対象面積も敷地の一部になります。

　あなたが所有している不動産のすべてを会社に移してしまうと，この小規模特例を受けられなくなってしまいます。自宅の方が小規模特例による減額が大きいため，不動産を会社に移すのであれば賃貸マンションのみにすべきであり，自宅は小規模宅地の特例を受けられるよう，個人所有のまま残しておくべきです。

③　死亡退職金

　純資産価額方式により株式を評価する場合，「被相続人の死亡により，相続人その他の者に支給することが確定した退職手当金，功労金その他これに準ずる給与の金額」は負債に含まれるとしています（評基通186(3)）。

　あなたの相続時にあなたが会社の役員等であった場合，会社が遺族に対して支給する死亡退職金が，純資産価額方式により株式の評価をする際の負債に含まれ，株式の評価額を不動産の評価額よりも引き下げることができます。

　なお，遺族が受け取る死亡退職金は相続税の課税対象になりますが，法定相続人1人当たり500万円の非課税額がありますので，これを活用することによって株式と死亡退職金のトータルで相続税の課税価額を減少させることができます。

④　評価差額に対する法人税額等

　純資産価額方式により株式を評価する際に，評価差額に対する法人税額等に相当する金額を控除します（評基通185）。

　「評価差額に対する法人税額等に相当する金額」は次の（a）の金額から（b）の金額を控除した残額がある場合におけるその残額に37％を乗じた金額です（評基通186-2）。

　（a）　課税時期における相続税評価額による総資産価額から課税時期におけ

る負債の金額の合計額を控除した金額
（b）　課税時期における帳簿価額による総資産価額から課税時期における負債の金額の合計額を控除した金額

　あなたの知人が「不動産は会社に持たせた方が相続税対策になる」といっていたのは，おそらくこの点を狙ったものではないでしょうか。

　我が国の地価は，いわゆるバブルが崩壊するまでの間，右肩上がりに推移していました。時の経過とともに地価が上昇しますから，一般に相続時には含み益（相続税評価額＞帳簿価額）が生じます。不動産のまま所有している場合は路線価等による評価（相続税評価額）になりますが，会社が所有している場合は相続時の路線価等による評価額から含み益の37％を控除できますので，結果的に相続税の節税になるからです。

　しかしこれは過去のことで，バブルが崩壊するまで有効であった対策です。今後地価が上昇すると見込まれるのでなければ，あてにできません。

3　結　　論

　今後地価が上昇するならば，評価差額に対する法人税額等の控除が大きく寄与し，相続税対策としての大きな効果が生じますが，逆に地価が上昇しなければ，効果は期待できません。また，移転後3年間は評価額が高くなってしまい，相続税対策としては逆効果になりますから注意が必要です。

　なお，あなたの所有している不動産には含み益がありませんので，不動産の移転に伴う所得税等の負担はなく，相続税対策としての有効性のみに限定して解説しました。それでも，必ずしも決定的な相続税対策になるといえる状況ではありません。まして含み益がある場合は不動産の移転に伴う所得税の負担が生じますので，移転後の節税効果で挽回できるかどうかがポイントになります。

関連解説

1 純資産価額方式による計算（評基通185・186・186-2）

（1） 相続税の株価評価における「1株当たりの純資産価額（相続税評価額によって計算した金額）」は，課税時期における各資産を財産評価基本通達に定めるところにより評価した価額の合計額から課税時期における各負債の金額の合計額及び評価差額に対する法人税額等に相当する金額を控除した金額を課税時期における発行済株式数で除して計算した金額とします。

（2） 課税時期における1株当たりの純資産価額（相続税評価額によって計算した金額）の計算を行う場合には，貸倒引当金，退職給与引当金（退職給与引当金に関する経過措置が適用される残高に相当する金額を除きます），納税引当金その他の引当金及び準備金に相当する金額は負債に含まれないものとし，次に掲げる金額は負債に含まれます。
　① 課税時期の属する事業年度に係る法人税額，消費税額，事業税額，道府県民税額及び市町村民税額のうち，その事業年度開始の日から課税時期までの期間に対応する金額（課税時期において未払いのものに限ります）
　② 課税時期以前に賦課期日のあった固定資産税の税額のうち，課税時期において未払いの金額
　③ 被相続人の死亡により，相続人その他の者に支給することが確定した退職手当金，功労金その他これらに準ずる給与の金額

（3） 「評価差額に対する法人税額等に相当する金額」は，次の①の金額から②の金額を控除した残額がある場合におけるその残額に37％（法人税，事業税，道府県民税及び市町村民税の税率の合計に相当する割合）を乗じて計算した金額とします。
　① 課税時期における各資産を財産評価基本通達に定めるところにより評価した価額の合計額（「課税時期における相続税評価額による総資産価額」といいます）から課税時期における各負債の金額の合計額を控除した金額

② 課税時期における相続税評価額による総資産価額の計算の基とした各資産の帳簿価額の合計額から課税時期における各負債の金額の合計額を控除した金額

2　37％控除の趣旨及び計算根拠

　評価差額に対する法人税額等に相当する，いわゆる37％控除をするのは，会社が所有する資産をすべて処分した場合の現金の手取額を計算するという趣旨です。よって，相続税評価額が帳簿価額より小さい場合には37％控除は適用されません。37％の計算根拠は次のようになっています。

		税率	根拠条文	備考
法人税	①法人税	23.4％	法人税法66① 所得税法等の一部を改正する法律附則26	
	②地方法人税	1.03％	地方法人税法10①	法人税額×4.4％
事業税	③事業税	6.7％	地方税法72の24の7①三 地方法人特別税等暫定措置法2	
	④地方法人特別税	2.89％	地方税法72の24の7①三 地方法人特別税等暫定措置法2及び9	
⑤道府県民税		0.75％	地方税法51①	法人税割の税率。 法人税額×3.2％
⑥市町村民税		2.27％	地方税法314の4①	法人税割の税率。 法人税額×9.7％
⑦合計		37.04％ ≒ 37％		

　　　（出所）「財産評価基本通達の一部改正について」通達等のあらましについて（情報），
　　　　　　資産評価企画官情報第1号，資産課税課情報第13号，平成28年5月20日

3　純資産価額方式による評価額を下げる方法

(1) 含み損のある資産を処分する方法

　純資産価額方式における法人税額等相当額の37％控除は，含み益がある資産と含み損のある資産が混在している場合には，含み益と含み損が相殺され，相殺後の含み益に対して37％控除されることになっています。

　よって，純資産価額方式による評価額を下げるためには，含み損のある資産の処分をする方法が考えられます。

(2) 時価と相続税評価額に乖離がある資産を取得する方法

　相続税評価額と時価（購入価額）に差がある資産を取得すれば，純資産価額を下げることができます。

　借入金により資金調達を行い投資することは以前から行われていた方法ですが，現在でも有効です。ただし，土地等及び家屋等については，取得後3年間は通常の取引価額で評価される（評基通185かっこ書）ため，注意が必要です。

(3) 死亡退職金を支払う方法

　役員に相続が発生した場合においては，株主総会等でその役員に対して死亡退職金を支給する決議をすると，その退職金の金額を負債の部に計上することができます（評基通186(3)）。

　なお，死亡退職金は相続税の課税対象となります。

Q67 類似業種比準方式における留意点

当社の相続税株式評価は，類似業種比準価額による評価だといわれています。類似業種比準価額による評価をするうえで，以下のような場合はどのようにしたらよいでしょうか。

① 兼業している場合（業種目の判定）

```
水産物加工業：400,000千円（44.4％）
水産物卸売業：500,000千円（55.6％）
合計　　　　：900,000千円
```

② 同一事業年度に複数回の配当を行った場合（1株当たりの配当金額）

```
前期　：定時株主総会　500万円
　　　：臨時株主総会　400万円
前々期：定時株主総会　800万円
```

③ 固定資産の譲渡が数回ある場合（1株当たりの利益金額）

```
1回目：売却損　　800万円
2回目：売却益　1,000万円
```

④ 種類の異なる非経常的な損益がある場合（1株当たりの利益金額）

```
固定資産売却益：700万円
固定資産除却損：300万円
```

A

> **SUMMARY** それぞれ以下のように扱います。
> ①：50％を超える業種目である水産物卸売業とする
> ②：2年間の配当すべてを含めて計算する
> ③：損と益とを通算した200万円を除いて計算する
> ④：売却益と除却損とを通算した400万円を除いて計算する

Reference 評基通181-2・183

> DETAIL

1 問題点

　類似業種比準方式は，その計算式や評価要素の数値が明確に示されており，純資産価額方式に比べると機械的に計算できるため，疑義の生じる余地が比較的少ない評価方式です。しかし，ご質問で示された疑問点のように，業種目の選定や評価会社の配当・利益・純資産の金額によって，評価額に大きな違いが生じる可能性もありますので，注意が必要です。

2 兼業している場合の業種目の判定

(1) 条文・通達

●財産評価基本通達181-2　評価会社の事業が該当する業種目

> 　…評価会社の事業が該当する業種目は，…取引金額に基づいて判定した業種目とする。
> 　なお，当該取引金額のうちに2以上の業種目に係る取引金額が含まれている場合の当該評価会社の事業が該当する業種目は，取引金額全体のうちに占める業種目別の取引金額の割合…が50％を超える業種目…とする。…

(2) 解釈

　この通達は評価会社の業種目をどのように判定するかを定めています。前段ではまず，評価会社の事業が該当する業種目は取引金額に基づいて判定するとしており，なお書き以降で，兼業している場合は，50％を超える業種目を選定することとしています。

　したがって，本問①の場合，取引金額の55.6％を占める水産物卸売業が評価会社の業種目となります。

3　同一年度に複数回の配当を行った場合の1株当たりの配当金額の計算

(1)　条文・通達

●財産評価基本通達183(1)

> 「1株当たりの配当金額」は，直前期末以前2年間におけるその会社の剰余金の配当金額…の合計額の2分の1に相当する金額を，直前期末における発行済株式数（1株当たりの資本金等の額が50円以外の金額である場合には，直前期末における資本金等の額を50円で除して計算した数によるものとする。…）で除して計算した金額とする。

(2)　解　釈

　評価会社の1株当たりの配当金額は，直前期末以前2年間の年平均配当金額であるとしています。現行会社法の下では株主総会の決議があればいつでも何回でも株主に配当が可能です。このため，定時株主総会の決議による配当はもちろん，臨時株主総会の決議による配当も含めて「1株当たりの配当金額」を計算することとなります。

4　固定資産の譲渡が数回ある場合の1株当たりの利益金額の計算

(1)　条文・通達

●財産評価基本通達183(2)

> 「1株当たりの利益金額」は，直前期末以前1年間における法人税の課税所得金額（固定資産売却益，保険差益等の非経常的な利益の金額を除く。）に，その所得の計算上益金に算入されなかった剰余金の配当…等の金額…及び損金に算入された繰越欠損金の控除額を加算した金額…を，直前期末における発行済株式数で除して計算した金額とする。…

（2）解　釈

　評価会社の1株当たりの利益金額を計算するに際し、「固定資産売却益，保険差益等の非経常的な利益の金額を除く」としていますが，非経常的な損失について、通達ではその取扱いが明らかにされていません。

　この点について国税庁が公開している質疑応答事例では，「『1株当たりの利益金額Ⓒ（以下参照）』の計算の際に、非経常的な利益の金額を除外することとしているのは、評価会社に臨時偶発的に生じた収益力を排除し，評価会社の営む事業に基づく経常的な収益力を株式の価額に反映させるためです。」と説明しています。

　また、「非経常的な利益とは、臨時偶発的に生じた個々の利益の総体を指しています。したがって、照会の場合には、個々の譲渡の損益を通算し、利益の金額があればこれを除外することになります。」としています。

5　種類の異なる非経常的な損益がある場合の1株当たりの利益金額

　これも、評価会社の1株当たりの利益金額の計算に関する問題点です。

　前述のとおり、非経常的な利益とは、非経常的な利益の総体を指していますので、種類の異なる非経常的な損益はこれらを通算することとなります。

関連解説

1　類似業種比準方式の計算方法

　類似業種比準方式の計算式は、下記のとおりです（評基通180）。

$$1株当たりの類似業種比準価額 = A \times \left(\frac{Ⓑ}{B} + \frac{Ⓒ}{C} + \frac{Ⓓ}{D} \right) \div 3 \times 斟酌率（※）$$

A＝類似業種の株価
B＝課税時期の属する年の類似業種の1株当たりの配当金額
C＝課税時期の属する年の類似業種の1株当たりの年利益金額

Ⓓ＝課税時期の属する年の類似業種の1株当たりの純資産価額（帳簿価額によって計算した金額）
　Ⓑ＝評価会社の1株当たりの配当金額
　Ⓒ＝評価会社の1株当たりの利益金額
　Ⓓ＝評価会社の1株当たりの純資産価額（帳簿価額によって計算した金額）
　（※）斟酌率：大会社0.7，中会社0.6，小会社0.5

2　1株当たりの配当金額Ⓑ

　「1株当たりの配当金額」は，直前期末以前2年間におけるその会社の剰余金の配当金額（特別配当，記念配当等を除きます）の合計額の2分の1に相当する金額を，直前期末における発行済株式数（1株当たりの資本金等の額が50円以外の金額である場合には，直前期末における資本金等の額を50円で除して計算した数）で除して計算した金額となっています（評基通183(1)）。

　1の算式の計算において，分子である「評価会社の1株当たりの配当金額」Ⓑが小さくなれば類似業種比準方式による評価額が下がることになります。

3　1株当たりの利益金額Ⓒ

　「1株当たりの利益金額」は，直前期末以前1年間における法人税の課税所得金額（非経常的な利益の金額を除きます）に，その所得の計算上益金に算入されなかった剰余金の配当等の金額（所得税額に相当する金額を除きます）及び損金に算入された繰越欠損金の控除額を加算した金額（その金額が負数のときは0）を，直前期末における発行済株式数で除して計算した金額となっています。

　ただし，選択により，直前期末以前2年間の各事業年度について，それぞれ法人税の課税所得金額を基とし上記に準じて計算した金額の合計額（その合計額が負数のときは0）の2分の1に相当する金額を直前期末における発行済株式数で除して計算した金額とすることができます（評基通183(2)）。

　「1株当たりの配当金額」と同様に，分子である「評価会社の1株当たりの

利益金額」ⓒが小さくなれば類似業種比準方式による評価額が下がることになり，具体的な対策としては次のようなものが考えられます。

① 役員報酬を引き上げる
② 含み損のある土地建物を処分する
③ 含み損のある有価証券を処分する
④ 不良債権について貸倒損失の処理ができるか検討をする
⑤ 引当金，準備金，特別償却など法人税の損金に算入される項目を検討する
⑥ 役員退職金の支払いをする　など

4　1株当たりの純資産価額ⓓ

「1株当たりの純資産価額（帳簿価額によって計算した金額）」は，直前期末における資本金等の額及び法人税法に規定する利益積立金額に相当する金額の合計額を直前期末における発行済株式数で除して計算した金額となっています（評基通183(3)）。

なお，利益積立金額に相当する金額が負数である場合には，その負数に相当する金額を資本金等の額から控除するものとし，その控除後の金額が負数となる場合には，その控除後の金額を0とします（評基通183（注2））。

純資産価額については過去から現在までの利益の積み重ねでもあり，一時的な対策により大きく減少させることは難しい場合が多いでしょう。

Q68 所得税・法人税における評価額

　A社（当社の兄弟会社）のオーナー株主であるB氏から，相続税の納税資金に充てるためA社の株式の買取りを求められています。A社の株式の相続税評価額は次のとおりですが，この価額で買い取っても問題はないでしょうか。

　なお，A社は非公開会社で，B氏は当社とA社の中心的な同族株主です。

会社の規模	大　会　社
相続税評価額	類似業種比準価額で，1株当たり700円
参　　　考	純資産価額は，1株当たり1,900円 ただし，土地と上場有価証券を時価評価し，評価差額に対する法人税額等を控除しないで計算すると1株当たり2,500円

A

SUMMARY　オーナーからの自社株式取得であり，純然たる第三者間取引ではありませんので，相続税評価額をそのまま使うのは問題があります。B氏が当社とA社の中心的な同族株主ということであれば，A社の株式を評価するにあたり，A社が小会社に該当すると仮定し，土地及び上場有価証券を時価評価して計算した，1株当たり1,500円が適正な額といえるでしょう。

Reference　所基通59-6，法基通9-1-14

DETAIL

1　問題点

　売主個人，買主法人間において時価と異なる価額によって株式の売買が行われた場合，次のような課税上の問題が生じます。

	売主（個人）	買主（法人）
売買価額が安い場合	みなし譲渡	受贈益
売買価額が高い場合	給与等	役員賞与等

このため，まず株式の時価がいくらであるかを算定する必要があります。

2 条文・通達（売り手側（個人）からみた時価）

売主個人が買主法人に対して非公開株式を譲渡するときに，売買価額をどのように算定するか知る手掛かりとして，所得税基本通達59-6があります。これは，所得税法59条1項に規定する，いわゆるみなし譲渡に関する通達です。

●所得税基本通達59-6　株式等を贈与等した場合の「その時における価額」

> 法第59条第1項の規定の適用に当たって，譲渡所得の基因となる資産が株式…である場合の同項に規定する「その時における価額」とは，23～35共-9に準じて算定した価額による。この場合，23～35共-9の(4)ニに定める「1株又は1口当たりの純資産価額等を参酌して通常取引されると認められる価額」とは，原則として，次によることを条件に，…「財産評価基本通達」…により算定した価額とする。
> (1) …「同族株主」に該当するかどうかは，株式を譲渡…した個人の当該譲渡…直前の議決権の数により判定すること。
> (2) 当該株式の価額につき財産評価基本通達…により算定する場合…において，株式を譲渡…した個人が当該株式の発行会社にとって…「中心的な同族株主」に該当するときは，当該発行会社は常に…「小会社」に該当するものとしてその例によること。
> (3) 当該株式の発行会社が土地…又は…上場されている有価証券を有しているときは，…「1株当たりの純資産価額（相続税評価額によって計算した金額）」の計算に当たり，これらの資産については，当該譲渡…の時における価額によること。
> (4) …「1株当たりの純資産価額（相続税評価額によって計算した金額）」の計算に当たり，…評価差額に対する法人税額等に相当する金額は控除しないこと。

3 条文・通達（買い手側（法人）からみた時価）

　法人税では，非公開株式の売買価額に関する取扱いを定めた法令や通達はありませんが，参考になるものとして法人税基本通達9-1-14があります。

　同通達の内容は，前掲の所得税基本通達59-6と同じですが，本来は評価損を計上するときの期末時価の算定方法についての取扱いを定めたもので，売買を行うときの時価を定めたものでありません。しかし小原一博編著『法人税基本通達逐条解説　八訂版』（税務研究会出版局，718頁）によると，「関係会社間等において気配相場のない株式の売買を行う場合の適正取引価額の判定に当たっても，準用されることになろう」として，売買にも準用できるとされています。

4 具体的な評価額

(1) 売り手側（個人）からみた時価

　A社の株式を所得税基本通達にそって評価してみましょう。

　A社は大会社ですが，B氏はA社の中心的な同族株主ですから，小会社に該当するものとして評価します。具体的には次のとおりです。

類似業種比準価額	700円÷0.7×0.5＝500円（大会社では0.7を乗じるが，小会社は0.5を乗じる）
純資産価額	2,500円
併用方式	500円×0.5＋2,500円×(1－0.5)＝1,500円

　この結果，A社株式の時価は1,500円となりました。

(2) 買い手側（法人）からみた時価

　買い手側の時価の計算方法も，結果的に売り手側と同じですから，1,500円となります。

5　売り手と買い手の時価が異なる場合

　ご質問の場合，たまたま売り手と買い手とで評価方法が同じで，評価額（時価）が同額になりましたが，異なるときはどうしたらよいでしょうか。

　純然たる第三者間においては，売り手あるいは買い手の売買に至る事情，その株式の必要性，資金状況など，様々な要因によって売買価額が決められますが，その決められた価額は一般に合理的なものとして是認されるでしょう。

　しかし関係会社間において，いかに第三者間的に価格を決めたとしても，利害の一致する部分がある以上，その合理性を証明することは非常に難しいといえます。そのような場合は，単純に中間の価額にした方が恣意性の介入を防止できるでしょう。

　売買価額以前に，売買の必要性が問われることになるのではないでしょうか。

執筆者一覧

熊谷　安弘
吉岡　幸治
力石　広志
鹿志村　裕
松田　哲裕
大越　通宏
熊谷　洋平
清水　智美
村永　一幸
野木　玄
黒部　豪

【編者紹介】

税理士法人　熊谷事務所

　会長　熊谷安弘
　所長　吉岡幸治
昭和51年1月　熊谷安弘税理士事務所として事務所開設
平成15年1月　税理士法人に改組

【主な著書】
『実例　不動産の税金対策』（日本経済新聞社）
『暮らしの税金辞典』（ぎょうせい）
『法人税の手ほどき』（日本経済新聞社）
『株式の評価』（中央経済社）
『外形標準課税の知識』（日本経済新聞社）
『自分でできる消費税の申告』（日本経済新聞社）
『会社清算の税務』（税務経理協会）
『同族会社の税務トラブルを防止する　社内規程等の作成と改定』（清文社）　ほか

法人税の最新実務Q&Aシリーズ
中小企業者

2011年7月1日　第1版第1刷発行
2018年6月15日　改訂改題第1版第1刷発行

編　者	税理士法人熊谷事務所
発行者	山　本　　　継
発行所	㈱中央経済社
発売元	㈱中央経済グループ パブリッシング

〒101-0051　東京都千代田区神田神保町1-31-2
電　話　03(3293)3371(編集代表)
　　　　03(3293)3381(営業代表)
http://www.chuokeizai.co.jp
印刷／東光整版印刷㈱
製本／誠　製　本㈱

ⓒ 2018
Printed in Japan

＊頁の「欠落」や「順序違い」などがありましたらお取り替えいた
しますので発売元までご送付ください。（送料小社負担）

ISBN978-4-502-26081-0　C2334

JCOPY〈出版者著作権管理機構委託出版物〉本書を無断で複写複製（コピー）することは，著作権法上の例外を除き，禁じられています。本書をコピーされる場合は事前に出版者著作権管理機構（JCOPY）の許諾を受けてください。
JCOPY〈http://www.jcopy.or.jp　eメール：info@jcopy.or.jp　電話：03-3513-6969〉

●実務・受験に愛用されている読みやすく正確な内容のロングセラー！

定評ある税の法規・通達集シリーズ

所得税法規集
日本税理士会連合会 編
中央経済社

❶所得税法 ❷同施行令・同施行規則・同関係告示 ❸租税特別措置法（抄） ❹同施行令・同施行規則（抄） ❺震災特例法・同施行令・同施行規則（抄） ❻復興財源確保法（抄） ❼復興特別所得税に関する政令・同省令 ❽災害減免法・同施行令（抄） ❾国外送金等調書提出法・同施行令・同施行規則・同関係告示

所得税取扱通達集
日本税理士会連合会 編
中央経済社

❶所得税取扱通達（基本通達／個別通達） ❷租税特別措置法関係通達 ❸国外送金等調書提出法関係通達 ❹災害減免法関係通達 ❺震災特例法関係通達 ❻索引

法人税法規集
日本税理士会連合会 編
中央経済社

❶法人税法 ❷同施行令・同施行規則・法人税申告書一覧表 ❸減価償却耐用年数省令 ❹法人税法関係告示 ❺地方法人税法・同施行令・同施行規則 ❻租税特別措置法（抄） ❼同施行令・同施行規則・同関係告示 ❽震災特例法・同施行令・同施行規則（抄） ❾復興財源確保法（抄） ❿復興特別法人税に関する政令・同省令 ⓫租特透明化法・同施行令・同施行規則

法人税取扱通達集
日本税理士会連合会 編
中央経済社

❶法人税取扱通達（基本通達／個別通達） ❷租税特別措置法関係通達（法人税編） ❸連結納税基本通達 ❹租税特別措置法関係通達（連結納税編） ❺減価償却耐用年数省令 ❻機械装置の細目と個別年数 ❼耐用年数の適用等に関する取扱通達 ❽震災特例法関係通達 ❾復興特別法人税関係通達 ❿索引

相続税法規通達集
日本税理士会連合会 編
中央経済社

❶相続税法 ❷同施行令・同施行規則・同関係告示 ❸土地評価審議会令・同省令 ❹相続税法基本通達 ❺財産評価基本通達 ❻相続税法関係個別通達 ❼租税特別措置法（抄） ❽同施行令・同施行規則（抄）・同関係告示 ❾租税特別措置法（相続税法の特例）関係通達 ❿震災特例法・同施行令・同施行規則・同関係告示 ⓫震災特例法関係通達 ⓬災害減免法・同施行令（抄） ⓭国外送金等調書提出法・同施行令・同施行規則・同関係告示 ⓮民法（抄）

国税通則・徴収法規集
日本税理士会連合会 編
中央経済社

❶国税通則法 ❷同施行令・同施行規則・同関係告示 ❸同関係通達 ❹租税特別措置法・同施行令・同施行規則 ❺国税徴収法 ❻同施行令・同施行規則 ❼滞調法・同施行令・同施行規則 ❽税理士法・同施行令・同施行規則・同関係告示 ❾電子帳簿保存法・同施行令・同施行規則・同関係告示・同通達 ❿行政手続オンライン化法・同国税関係法令に関する省令・同関係告示 ⓫行政手続法 ⓬行政不服審査法 ⓭行政事件訴訟法（抄） ⓮組織的犯罪処罰法（抄） ⓯没収保全と滞納処分との調整令 ⓰犯罪収益規則（抄） ⓱麻薬特例法（抄）

消費税法規通達集
日本税理士会連合会 編
中央経済社

❶消費税法 ❷同別表第三等に関する法令 ❸同施行令・同施行規則・同関係告示 ❹消費税法基本通達 ❺消費税申告書様式等 ❻消費税等関係取扱通達等 ❼租税特別措置法（抄） ❽同施行令・同施行規則・同関係通達 ❾消費税転嫁対策法・同ガイドライン ❿震災特例法・同施行令（抄）・同関係告示 ⓫震災特例法関係通達 ⓬税制改正法等 ⓭地方税法（抄） ⓮同施行令・同施行規則（抄） ⓯所得税・法人税政省令（抄） ⓰輸徴法令 ⓱関税法令 ⓲関税定率法令

登録免許税・印紙税法規集
日本税理士会連合会 編
中央経済社

❶登録免許税法 ❷同施行令・同施行規則 ❸租税特別措置法・同施行令・同施行規則（抄） ❹震災特例法・同施行令・同施行規則（抄） ❺印紙税法 ❻印紙税法基本通達 ❼租税特別措置法・同施行令・同施行規則（抄） ❽印紙税額一覧表 ❾震災特例法・同施行令・同施行規則（抄） ❿震災特例法関係通達等

中央経済社

申告書からみた税務調査対策シリーズ
日本税理士会連合会 編

税務調査で問題になりやすい項目・絶対に押さえるべき申告書のチェックポイントを網羅。
これだけは！という「鉄則」を解説。

法人税の鉄則50
濱田康宏・岡野　訓・内藤忠大・白井一馬・村木慎吾 著
　　　　　　　　　　A5判・232頁　定価2,700円(税込)

■中小企業でも最低限理解しておく必要がある法人税の基本中の基本を網羅。

国際税務の鉄則30
村木慎吾・山本祥嗣 著　　A5判・194頁　定価2,160円(税込)

■国外取引や海外進出にあたって必要不可欠な国際税務の要点を紹介。

連結納税の鉄則30
村木慎吾・石井幸子 著　　A5判・188頁　定価2,160円(税込)

■連結納税適用会社または適用予定の会社に不可欠な税制の要点を紹介。

再編税制の鉄則30
村木慎吾・岡野　訓 著　　A5判・180頁　定価2,160円(税込)

■組織再編の実施の際、理解しておく必要がある税制と実務の要点を紹介。

消費税の鉄則30
内藤忠大・石井幸子 著　　A5判・188頁　定価2,160円(税込)

■法人税とともに重要な消費税について最低限理解する必要がある項目を紹介。

相続税の鉄則50
白井一馬・岡野　訓・佐々木克典 著
　　　　　　　　　A5判・240頁　定価2,916円(税込)
■事業承継にもかかわる相続税について最低限理解する必要がある項目を紹介。

中央経済社

大増税時代、相続税を知らずに税理士業務ができますか？

税理士のための
相続税の実務Q&Aシリーズ

税率引上げ・基礎控除引下げにより、注目を集めている相続税について、税理士が実務の問題点を理解する。

相続税・贈与税のアウトライン

田中 一 著　　A5判・216頁　定価2,592円(税込)

■相続税・贈与税の概要を網羅的にQ&A方式で解説。

小規模宅地等の特例

白井一馬 著　　A5判・212頁　定価2,592円(税込)

■小規模宅地特例の判定のポイントをQ&Aで解説。

土地等の評価

樋沢武司 著　　A5判・288頁　定価3,240円(税込)

■土地・建物等の評価方法についてQ&A方式で解説。

株式の評価

税理士法人日本税務総研 編著
　　　　　A5判・240頁　定価2,808円(税込)

■上場・非上場株の評価方法についてQ&A方式で解説。

贈与税の各種特例

飯塚美幸 著　　A5判・272頁　定価3,240円(税込)

■住宅取得、教育資金等の贈与特例をQ&A方式で解説。

事業承継対策

宮森俊樹・寺内正夫・矢野重明 著
　　　　　A5判・312頁　定価3,672円(税込)

■事業承継対策の計画や納税猶予制度等をQ&Aで解説。

中央経済社